DIE HOHE KUNST DES KOCHENS VON JAKOBSMUSCHELN

100 LECKERE JAKOBSMUSCHELN REZEPTE

IMA KÜHN

Alle Rechte vorbehalten.

Haftungsausschluss

Die in diesem eBook enthaltenen Informationen sollen als umfassende Sammlung von Strategien dienen, die der Autor dieses eBooks erforscht hat. Zusammenfassungen, Strategien, Tipps und Tricks sind nur Empfehlungen des Autors, und das Lesen dieses eBooks garantiert nicht, dass die eigenen Ergebnisse genau die Ergebnisse des Autors widerspiegeln. Der Autor des eBooks hat alle zumutbaren Anstrengungen unternommen, um aktuelle und genaue Informationen für die Leser des eBooks bereitzustellen. Der Autor und seine Mitarbeiter haften nicht für unbeabsichtigte Fehler oder Auslassungen, die möglicherweise gefunden werden. Das Material im eBook kann Informationen von Dritten enthalten. Materialien von Drittanbietern enthalten Meinungen, die von ihren Eigentümern geäußert werden. Daher übernimmt der Autor des eBooks keine Verantwortung oder Haftung für Materialien oder Meinungen Dritter.

Das eBook ist urheberrechtlich geschützt © 2021 mit allen Rechten vorbehalten. Es ist illegal, dieses eBook ganz oder teilweise weiterzuverbreiten, zu kopieren oder davon abgeleitete Werke zu erstellen. Kein Teil dieses Berichts darf ohne die ausdrückliche und unterzeichnete schriftliche Genehmigung des Autors in irgendeiner Form vervielfältigt oder weiterverbreitet werden.

INHALTSVERZEICHNIS

INHALTSVERZEICHNIS 4
EINLEITUNG 8
JAKOBSMUSCHEL-SNACKS 10

1. JAKOBSMUSCHEL-ANANAS-KABOBS 11
2. IN MUSCHELN GEBACKENE JAKOBSMUSCHELN 14
3. JAKOBSMUSCHELN PROVENCE 17
4. JAKOBSMUSCHELN MIT WEIẞER BUTTERSAUCE 19
5. GARNELEN AM SPIEẞ 22
6. HAWAIIANISCHE GARNELENSPIEẞE 25
7. SAUTIERTE JAKOBSMUSCHELN UND YUZU 27
8. JAKOBSMUSCHELN MIT MISO 30
9. JAKOBSMUSCHEL-SASHIMI 33
10. GEKOCHTE JAKOBSMUSCHELN 36
11. JAKOBSMUSCHEL-HÄPPCHEN MIT SPECK 38
12. JAKOBSMUSCHELBISKUIT 41
13. JAKOBSMUSCHELN NACH HAWAIIANISCHER ART 44
14. GEBRATENE JAKOBSMUSCHELN 47
15. JAKOBSMUSCHEL-PFANNKUCHEN 50
16. JAKOBSMUSCHELN 53
17. JAKOBSMUSCHEL AMANDINE 56
18. JAKOBSMUSCHEL-KROKETTEN 59
19. GEGRILLTE JAKOBSMUSCHELN 62
20. JAKOBSMUSCHEL-KABOBS 65
21. GEBRATENE JAKOBSMUSCHELN 68
22. GEGRILLTE JAKOBSMUSCHELN MIT PFIRSICHEN 71

CURIERTE JAKOBSMUSCHEL 74

23. CURRY-MUSCHELN 75

24.	Gegrillte Jakobsmuscheln mit Tomatencoulis	78

JAKOBSMUSCHELN & NUDELN 81

25.	Angel Hair Pasta mit gebratener Jakobsmuschel	82
26.	Ravioli mit Mascarpone & Jakobsmuscheln	85
27.	Spaghetti mit Jakobsmuschelsauce	89
28.	Jakobsmuscheln in Sauce mit Spinat-Fettuccine	92
29.	Jakobsmuscheln mit Fettuccine	95
30.	Fliegennudeln mit geschwärzten Jakobsmuscheln	98
31.	Jakobsmuschel-Scampi	102
32.	Fettuccine mit Jakobsmuscheln und Erbsen	105

JAKOBSMUSCHELN HAUPTGERICHT 108

33.	Gebackene Jakobsmuschel-Timbales	109
34.	Mit Jakobsmuscheln gefüllter Eichelkürbis	112
35.	Jakobsmuschel-Thermidor	116
36.	Jakobsmuscheln & Reis gratiniert	119
37.	Gebackene Jakobsmuscheln mit Knoblauchsauce	122
38.	Gebackene Jakobsmuscheln mit Tomaten	125
39.	Andouille Jakobsmuscheln & Senfsauce	128
40.	Artischockenböden mit Jakobsmuscheln	132
41.	Asiatische Gazpacho mit Jakobsmuschel-Satay	135
42.	Avocado- und Jakobsmuschel-Ceviche	138
43.	Gebackene Flunder mit Jakobsmuschelfüllung	142
44.	Gebackene Jakobsmuscheln und Pilze in Knoblauchsauce 146	
45.	Gegrillte Jakobsmuscheln Hoisin	149
46.	Gegrillte Jakobsmuscheln mit Safran-Couscous	152
47.	Jakobsmuscheln mit Zitrone und Dill	155
48.	Jakobsmuscheln mit Spinat und Knoblauch	158
49.	Rind & Jakobsmuschel anbraten	161
50.	Geschmorte getrocknete Jakobsmuscheln und Radieschen 164	
51.	Geschmorte Jakobsmuscheln mit Grapefruit	167

52.	Panierte gebackene Jakobsmuscheln	170
53.	Gebutterte Jakobsmuscheln	173
54.	Karamellisierte Jakobsmuscheln	176
55.	Sellerie-Wurzel-Remoulade & Jakobsmuscheln	180
56.	Chinesische Garnelen und Jakobsmuscheln in Knoblauchsauce	184
57.	Jakobsmuscheln mit Chorizo-Kruste	187
58.	Gebackene Jakobsmuscheln in Sahne-Käse-Sauce	190
59.	Jakobsmuscheln mit Zimt- und Chilikruste und Mango	195
60.	Jakobsmuscheln aus Zitrus- und Meerrettich-Zedernholz	199
61.	Zitrusgegrillte Jumbo-Jakobsmuscheln	203
62.	Jakobsmuscheln mit Macadamia-Mayonnaise	206
63.	Cognac-Jakobsmuscheln mit Limettenreis	210
64.	Konfetti Jakobsmuscheln und Nudeln	213
65.	Flusskrebs-Jakobsmuschel-Etouffe	216
66.	Kreolische Jakobsmuscheln	219
67.	Knusprige Jakobsmuscheln mit Meerrettichsauce	222
68.	Paprika Jakobsmuscheln	226
69.	Frittierte Jakobsmuscheln	229
70.	Deviled Crab und Jakobsmuscheln	232
71.	Eierpudding mit getrockneten Jakobsmuscheln	235
72.	Jakobsmuscheln oder Austern	237
73.	Fünf-Gewürz-Jakobsmuscheln mit verwelkten Babyblättern	240
74.	Glasierte Jakobsmuscheln mit Chinakohl	243
75.	Jakobsmuschelspieße nach griechischer Art	247

SUPPEN & SALATE 250

76.	Maissuppe mit gebratenen Curry-Jakobsmuscheln	251
77.	Jakobsmuschelsuppe	255
78.	Fenchel-Tomaten-Suppe mit Jakobsmuscheln	259
79.	Jakobsmuscheln Madrid über Reis	262
80.	Jakobsmuscheleintopf	265

81.	Cajun-Austern-Jakobs-Eintopf	268
82.	Jakobsmuschelsalat mit Zitrusfrüchten	271
83.	Weizenschrotsalat mit Jakobsmuscheln	274

GEGRILLTE JAKOBSMUSCHEL ... 279

84.	Gegrillte Jakobsmuscheln mit chinesischem Gemüse	280
85.	Gegrillte asiatische Jakobsmuscheln	284
86.	Gegrillte Jakobsmuscheln und Gemüsetaschen	288
87.	Gegrillte Jakobsmuschelspieße auf Jicama-Salat	291
88.	Gegrillte Jakobsmuscheln & Grünkohl mit frischer Rübe s 295
89.	Gegrillter Jakobsmuschelsalat mit Papaya-Dressing	298
90.	Gegrillte Jakobsmuscheln & Vinaigrette	302
91.	Gesunde Jakobsmuscheln Penne Rigate	306
92.	Gegrillte Zitronen-Knoblauch-Muscheln	309
93.	Gegrillte Jakobsmuscheln mit Tomatensalsa	312

JAKOBSMUSCHELN DESSERTS ... 315

94.	Pot Pie mit Meeresfrüchten	316
95.	Jakobsmuschel-Hirtenkuchen	320
96.	Jakobsmuschel-Käse-Fondue	323
97.	Apfel-Jakobsmuschel-Förmchen	326
98.	Krabben-, Lachs- und Jakobsmuschelkuchen	329
99.	Jakobsmuschel-Häppchen	333
100.	Filoteig, Jakobsmuschel und Tomatentarte	336

FAZIT ... 340

EINLEITUNG

Jakobsmuscheln sind Schalentiere mit einem essbaren Adduktorenmuskel. Diese runden, zarten Muskeln sind leicht süß mit einer zarten und salzigen Salzigkeit. Sie werden zart und butterartig, wenn sie richtig zubereitet und gekocht werden.

Zwei Arten von Jakobsmuscheln werden in Lebensmittelgeschäften und auf Fischmärkten verkauft: Jakobsmuscheln und Jakobsmuscheln.

Jakobsmuscheln kommen in seichten Gewässern, Buchten und Flussmündungen entlang der Ostküste vor. Jakobsmuscheln sind sehr klein, die meisten messen etwa einen halben Zoll. Sie sind auch sehr zart und zart. Weil sie so klein sind und schnell garen, werden Lorbeer-Jakobsmuscheln zum schnellen Anbraten, Braten und schonenden Pochieren verwendet.

Jakobsmuscheln sind in tiefen, kalten Ozeangewässern auf der ganzen Welt zu finden. Sie können mit Raupen oder Netzen ausgebaggert werden, was den Meeresboden beschädigen kann.

Taucher-Jakobsmuscheln sind jedoch Meeresmuscheln, die von Tauchern geerntet wurden. Dies sind die nachhaltigsten Jakobsmuscheln, aber sie können einen höheren Preis haben. Jakobsmuscheln sind größer; Einige können einen Durchmesser von bis zu zwei Zoll haben. Sie sind zäher als Jakobsmuscheln, aber immer noch zart und süß.

Jakobsmuschel-Snacks

1. Jakobsmuschel-Ananas-Kabobs

Zutaten:

- 1 Pfund Jakobsmuscheln, frisch oder gefroren
- 1/2 Tasse Butter oder Margarine, geschmolzen
- 1 Teelöffel Salz
- 2 Teelöffel Paprika
- 1 Teelöffel Pfeffer
- 10 Scheiben Speck
- 1/2 Tassen Ananasstücke, abgetropft

Richtungen

a) Gefrorene Jakobsmuscheln auftauen. Schalenpartikel entfernen und waschen. Große Jakobsmuscheln halbieren.

b) Butter und Gewürze verrühren. Jakobsmuscheln in gewürzter Butter dippen. Speck 4 bis 5 Minuten sanft anbraten.

c) Auf saugfähigem Papier abtropfen lassen. Quer dritteln. Jakobsmuscheln, Speck und Ananasstücke abwechselnd auf 6 Spieße à 7 Zoll stecken. Legen Sie Spieße über eine Backform, 10 x 6 x 1 Zoll.

d) In einem sehr heißen Ofen bei 450 °F 20 bis 25 Minuten backen, während des Backens einmal wenden, um die andere Seite zu bräunen. Serviert 6.

2. In Muscheln gebackene Jakobsmuscheln

Zutaten:

- 2 Pfund Jakobsmuscheln, frisch oder gefroren
- 1 Tasse Butter oder anderes Fett, geschmolzen
- 1/2 Tasse Catsup
- 1 Teelöffel Salz
- Prise Pfeffer
- 1/t Teelöffel Zucker
- 2 Tassen Crackerkrümel
- 1/2 Tasse geschnittene Frühlingszwiebel
- 1 Esslöffel Butter oder anderes Fett, geschmolzener Paprika

Richtungen

a) Gefrorene Jakobsmuscheln auftauen. Schalenpartikel entfernen und waschen. Jakobsmuscheln in ¥2-Zoll-Stücke schneiden.

b) Kombinieren Sie Butte1·, Catsup, Salz, Pfeffer, Zucker, Krümel und Jakobsmuscheln. In 6 gut gefettete, einzelne Schalen oder 10-Unzen-Aufläufe geben.

c) Kombinieren Sie Zwiebel und Butter; auf die Muschelmischung legen.

d) Backen Sie in einem gemäßigten Ofen, 350 ° F., für 25 bis 30 Minuten oder bis braun. Mit Paprika garnieren. Serviert 6.

3. Jakobsmuscheln Provence

Zutaten:

- 2 Teelöffel Olivenöl
- 1 Pfund Jakobsmuscheln
- 1/2 Tasse dünn geschnittene Zwiebel, in Ringe getrennt 1 Knoblauchzehe, gehackt
- 1 Tasse gewürfelte normale oder Eiertomaten
- 1/4 Tasse gehackte reife Oliven
- 1 Esslöffel getrocknetes Basilikum
- 1/4 Teelöffel getrockneter Thymian
- 1/8 Teelöffel Salz
- 1/8 Teelöffel frisch gemahlener Pfeffer

Richtungen

a) Olivenöl in einer großen beschichteten Pfanne bei mittlerer Hitze erhitzen. Jakobsmuscheln hinzufügen und 4 Minuten oder bis sie fertig sind anbraten. Jakobsmuscheln mit einem Schaumlöffel aus der Pfanne nehmen; beiseite stellen und warm halten.

b) Zwiebelringe und Knoblauch in die Pfanne geben und 1-2 Minuten anbraten. Tomate und restliche Zutaten hinzufügen und 2 Minuten oder bis sie weich sind anbraten.

c) Löffel Sauce über Jakobsmuscheln

4. Jakobsmuscheln mit weißer Buttersauce

Zutaten:

- 750 g Jakobsmuscheln
- 1 Tasse Weißwein
- 90 g Kaiserschoten oder in dünne Scheiben geschnittene grüne Bohnen
- ein paar Schnittlauch zum Garnieren
- Salz und frisch gemahlener Pfeffer
- etwas Zitronensaft
- 1 Esslöffel gehackte Frühlingszwiebel
- 125 g (4 Unzen) Butter in Stücke geschnitten

Richtungen

a) Entfernen Sie alle Bärte von den Jakobsmuscheln und waschen Sie sie dann. Die Rogen vorsichtig entfernen und zum Trocknen auf Küchenpapier legen. Mit Salz und Pfeffer würzen.

b) Jakobsmuscheln und Rogen in Wein und Zitronensaft ca. 2 Minuten. Herausnehmen und warm halten.

c) Kaiserschoten 1 Minute in kochendes Salzwasser geben, abtropfen lassen, bei Bedarf mit Bohnen ebenso verfahren. Fügen Sie die Frühlingszwiebel der Pochierungsflüssigkeit hinzu und reduzieren Sie sie auf etwa 1/2 Tasse.

d) Fügen Sie bei schwacher Hitze nach und nach Butter hinzu und schlagen Sie sie ein, um eine Sauce zu erhalten (die Konsistenz von Sahne).

e) Mit knusprigem Brot servieren, um die schöne Sauce aufzuwischen.

5. Garnelen am Spieß

Serviert 4

Zutaten

- ½ Esslöffel scharfe Soße
- 1 Esslöffel Senf nach Dijon-Art
- 3 EL Bier
- ½ Pfund große Garnelen, geschält und entdarmt
- 3 Scheiben Speck, längs in 12 Streifen geschnitten
- 2 Esslöffel hellbrauner Zucker

Richtungen

a) Kombinieren Sie die scharfe Sauce, Senf und Bier in der Rührschüssel.
b) Fügen Sie die Garnelen hinzu und schwenken Sie sie, um sie gleichmäßig zu beschichten. Mindestens 2 Stunden kühl stellen. Die Marinade abgießen und aufbewahren. Wickeln Sie jede Garnele mit einem Speckstreifen ein.
c) 3 Garnelen auf 4 Doppelspieße stecken. Legen Sie die Spieße in eine flache Schüssel und gießen Sie die reservierte Marinade hinein. Garnelen mit Zucker bestreuen. Mindestens 1 Stunde kühl stellen.
d) Bereiten Sie den Good-One-Grill vor. Legen Sie die Spieße auf den Grill, gießen Sie die Marinade

darüber und schließen Sie den Deckel. 4 Minuten garen, dann umdrehen, Deckel schließen und 4 Minuten garen.

6. Hawaiianische Garnelenspieße

Zutaten:

- 1/2-Pfund-Garnelen, geschält, entdarmt und ungekocht
- 1/2 Pfund Bucht oder Jakobsmuscheln
- 1 Dose Ananasstücke in Saft
- 1 grüne Paprika, in Spalten geschnitten
- Speckscheiben

Soße:

- 6 Unzen Barbecue-Sauce
- 16 Unzen Salsa
- 2 EL Ananassaft
- 2 EL Weißwein

Richtungen

a) Mixen Sie die Saucenzutaten, bis sie gleichmäßig vermischt sind. Spieße Ananasstücke, Garnelen, Jakobsmuscheln, Paprikaspalten und gefaltete Speckscheiben auf.
b) Spieße gleichmäßig auf jeder Seite bestreichen und grillen.
c) Kochen, bis die Garnelen eine rosa Farbe haben. Mit Reis servieren.

7. Sautierte Jakobsmuscheln und Yuzu

Serviert 4

Zutaten:

- 1/3 Tasse Speck, fein gehackt 1 trockene französische Schalotte, gewürfelt
- 1 Knoblauchzehe, fein gehackt
- 1/3 Tasse blanchierte Edamame-Bohnen
- 2 Esslöffel Limettensaft 1/2 Esslöffel Sojasauce 1 Teelöffel Yuzu
- 1/2 Esslöffel Wasser
- 1 Esslöffel Olivenöl
- 1 Esslöffel Butter
- 8 Jakobsmuscheln in Jumbo-Größe Salz und frisch gemahlener Pfeffer

Richtungen

a) Bacon bei mittlerer Hitze etwa 3 Minuten garen. Fügen Sie die Schalotte hinzu und kochen Sie weitere zwei Minuten oder bis sie Farbe annimmt.

b) Fügen Sie den Knoblauch hinzu und kochen Sie ihn 15 Sekunden lang, dann nehmen Sie ihn vom Herd. Fügen Sie die Edamame-Bohnen hinzu und gießen Sie Limettensaft, Sojasauce, Yuzu und Wasser hinein. Beiseite legen.

c) Eine große Antihaft-Pfanne mit Öl und Butter auf mittlerer Höhe erhitzen. Die Jakobsmuscheln gut mit Küchenpapier trocknen, dann mit Salz und Pfeffer bestreuen. Wenn die Butter schäumt, die Jakobsmuscheln hinzufügen.

d) 3 Minuten auf einer Seite braten oder bis sie goldbraun sind, dann wenden und eine weitere Minute braten lassen. Auf Küchenpapier legen, anrichten und mit der Vinaigrette garnieren.

8. Jakobsmuscheln mit Miso

4 servieren

Zutaten:

- 12 große Jakobsmuscheln
- 1/2 Tasse Sake
- 3 Esslöffel Mirin
- 1/2 Tasse leichtes Miso
- 3 Esslöffel Zucker

Richtungen

a) Sake und Mirin erhitzen. 15 Sekunden kochen, um den Alkohol zu verdampfen. Vom Herd nehmen und Miso hinzugeben und mit einem Holzlöffel untermischen. Wenn sich das Miso gut aufgelöst hat, erhitzen Sie es wieder und fügen Sie den Zucker hinzu, während Sie die ganze Zeit mischen. Sobald sich der Zucker aufgelöst hat, vom Herd nehmen.

b) Zum Abkühlen in den Kühlschrank stellen. Gießen Sie die Marinade in einen verschließbaren Plastikbeutel. Jakobsmuscheln in den Beutel geben, verschließen und 3 bis 4 Stunden im Kühlschrank marinieren. Jakobsmuscheln aus der Marinade nehmen und vorsichtig trocknen, dabei darauf achten, dass die Marinade nicht vollständig abgetupft wird. Ein Backblech einfetten. Heizen Sie den Ofen zum Grillen vor.

c) Die Jakobsmuscheln ca. 3 Minuten goldbraun grillen. Wenden und wieder für ein paar Minuten in den Ofen stellen.

d) Servieren Sie es über Algen oder Soba-Nudeln, die schnell mit ein paar Esslöffeln Schalotten-Vinaigrette und Frühlingszwiebeln geschwenkt wurden.

e) Gießen Sie kurz vor dem Servieren ein paar Tropfen der Marinade über jede Jakobsmuschel.

9. Jakobsmuschel-Sashimi

Serviert 4

Zutaten:

- 8 große frische Jakobsmuscheln
- 1 Esslöffel frisch geriebener Ingwer
- 2 Esslöffel japanische Sojasauce
- 1 Teelöffel Orangensaft
- 1 Teelöffel Zitronen- oder Limettensaft
1/2 Teelöffel Knoblauch, sehr fein gehackt
- 1 Esslöffel Sesamöl
- 4 Esslöffel Olivenöl
- 2 Frühlingszwiebeln, fein gehackt
- 2 Esslöffel geröstete weiße Sesamsamen

Richtungen

a) Legen Sie die Jakobsmuscheln für mindestens 45 Minuten in den Gefrierschrank, um das Schneiden zu erleichtern. Bereiten Sie in der Zwischenzeit die Vinaigrette zu, indem Sie den Ingwer, die Sojasauce, den Orangen- und Zitronensaft und den Knoblauch mischen. Die Sesamkörner anrösten. Beiseite legen.

b) In einen kleinen Topf das Oliven- und Sesamöl geben. Jakobsmuscheln in

Scheiben schneiden und auf vier Teller verteilen. Zum Servieren die Vinaigrette über die Jakobsmuscheln gießen. Fügen Sie die Frühlingszwiebeln und Sesamsamen hinzu. Ölmischung erhitzen und über das Sashimi gießen.

c) Sofort mit Algensalat oder einer Julienne aus Gurke und Daikon servieren, die mit Reisessig und Mirin geworfen wird.

10. Gekochte Jakobsmuscheln

Zutaten:

- 1 Pfund Jakobsmuscheln, frisch oder gefroren
- 1 Liter kochendes Wasser
- 1 Esslöffel Salz

Richtungen

a) Gefrorene Jakobsmuscheln auftauen. Schalenpartikel entfernen und waschen.

b) In kochendes Salzwasser geben.

c) Abdecken und zum Siedepunkt zurückkehren. Je nach Größe 3 bis 4 Minuten köcheln lassen.

d) Abfluss.

11. Jakobsmuschel-Häppchen mit Speck

Zutaten:

- 2 Pfund gekochte Jakobsmuscheln
- 16 Scheiben Speck
- 8 Scheiben weißer Kopf
- 1 Packung (8 Unzen) geschnittener Käse
- Paprika

Richtungen

a) Große Jakobsmuscheln halbieren. Speck braten, bis er knusprig ist; auf saugfähigem Papier abtropfen lassen. Speckfett aufbewahren. Brotkrusten abschneiden.

b) Auf jedes Brot eine Scheibe Käse und zwei Scheiben Speck legen. In Viertel schneiden. Jakobsmuscheln auf den Speck legen.

c) Mit Speckfett bestreichen. Mit Paprika bestreuen. Etwa 3 Zoll von der Wärmequelle entfernt auf eine eingefettete Grillpfanne legen. Grillen

Sie für 3 bis 4 Minuten oder bis sie braun sind. Ergibt 32 Kanapees.

12. Jakobsmuschelbiskuit

Zutaten:

- 1 Pfund Jakobsmuscheln, frisch oder gefroren
- 1 Dose (4 Unzen) Pilzstiele und -stücke, abgetropft
- 1 Tasse Butter oder Margarine, geschmolzen
- 1/2 Teelöffel Senfpulver
- 11/2 Teelöffel Salz
- Prise Pfeffer
- 1/4 Tasse Mehl
- 1 Liter Milch
- Paprika

Richtungen

a) Gefrorene Jakobsmuscheln auftauen. Schalenpartikel entfernen und waschen. Jakobsmuscheln und Pilze mahlen.

b) Butter, Senf, Salz und Pfeffer mischen.

c) Jakobsmuschel-Mischung in gewürzter Butter 3 bis 4 Minuten kochen, dabei gelegentlich umrühren.

d) Mehl untermischen.

e) Milch nach und nach zugeben und unter ständigem Rühren dickflüssig einkochen. Mit Paprika bestreut servieren. Serviert 6.

13. Jakobsmuscheln nach hawaiianischer Art

Zutaten:

- 1 Pfund Jakobsmuscheln, frisch oder gefroren
- 6 Ananasscheiben aus der Dose
- 1 Teelöffel Salz
- Prise weißen Pfeffer
- 1/4 Tasse brauner Zucker
- 1/4 Tasse Butter oder Margarine

Richtungen

a) Gefrorene Jakobsmuscheln auftauen. Schalenpartikel entfernen und waschen. Große Jakobsmuscheln halbieren. Legen Sie Ananasscheiben in eine Backform, 10 x 6 x 1 Zoll.

b) Jakobsmuscheln in die Mitte jeder Ananas legen. Mit Salz, Pfeffer und braunem Zucker bestreuen. Mit Butter bestreichen.

c) Braten Sie etwa 3 Zoll von der Wärmequelle für 8 bis 10 Minuten oder bis sie braun sind. Serviert 6.

14. Gebratene Jakobsmuscheln

Zutaten:

- 2 Pfund Jakobsmuscheln, frisch oder gefroren
- 1 Ei, geschlagen
- 1 Esslöffel Milch
- 1 Teelöffel Salz
- Prise Pfeffer
- 1 Tasse Mehl
- 2 Tasse trockene Semmelbrösel

Richtungen

a) Gefrorene Jakobsmuscheln auftauen. Schalenpartikel entfernen und waschen. Große Jakobsmuscheln halbieren. Ei, Milch und Gewürze verrühren. Mehl und Brösel mischen. Jakobsmuscheln in die Eimischung tauchen und in der Mehl-Krümel-Mischung wälzen.

b) Legen Sie Jakobsmuscheln in eine schwere Bratpfanne, die etwa 1 Zoll Fett enthält, heiß, aber nicht rauchend. Bei mäßiger Hitze braten. Wenn die Jakobsmuscheln auf einer Seite braun sind, vorsichtig wenden und die andere Seite bräunen.

c) Garzeit etwa 4 bis 6 Minuten. Auf saugfähigem Papier abtropfen lassen. Serviert 6.

15. Jakobsmuschel-Pfannkuchen

Zutaten:

- 1 Pfund Jakobsmuscheln, frisch oder gefroren
- 2 Tassen Pfannkuchenmischung
- 1 Teelöffel Salz
- 1 Teelöffel Backpulver Prise Muskatnuss
- 2 Tassen Milch
- 2 Eier, geschlagen
- 2 Esslöffel Butter oder anderes Fett, geschmolzene Butter oder Margarine

Richtungen

a) Gefrorene Jakobsmuscheln auftauen. Muschelreste entfernen und Jakobsmuscheln waschen.

b) Trockene Zutaten zusammen sieben. Milch, Ei und Butter verrühren. Nach und nach zu den trockenen Zutaten geben; Rühren Sie nur, bis der Teig glatt ist. Jakobsmuscheln hinzufügen. Tropfen Sie esslöffelweise auf eine heiße gefettete Grillplatte oder Bratpfanne.

c) Langsam braten, bis die Oberfläche mit Blasen bedeckt ist, wenden und braten, bis der Boden gut gebräunt ist.

d) Mit Butter servieren.

e) Ergibt 24 kleine Pfannkuchen. Serviert 6.

16. Jakobsmuscheln

Zutaten:

- 1 Pfund Jakobsmuscheln, frisch oder gefroren
- 1 Tasse Pfannkuchenmischung
- 1 Teelöffel Backpulver
- 1 Teelöffel Salz
- Prise Muskatnuss
- 2 Tassen Milch
- 1 Ei, geschlagen
- 1/2 Tasse zerdrückte Ananas, abgetropft
- 2 Esslöffel Butter oder anderes Fett, geschmolzen

Richtungen

a) Gefrorene Jakobsmuscheln auftauen. Schalenpartikel entfernen und waschen. Jakobsmuscheln mahlen. Trockene Zutaten zusammen sieben. Kombinieren Sie Milch, Ei, Ananas und Butter.

b) Nach und nach zu den trockenen Zutaten geben; Rühren Sie nur, bis der Teig glatt ist. Jakobsmuscheln hinzufügen.

c) Tropfenweise Esslöffelweise in tiefes Fett, 325 °F. Braten Sie ungefähr 4 bis 5 Minuten oder bis sie braun sind. Auf saugfähigem Papier abtropfen lassen.

d) Ergibt 30 Krapfen. Serviert 6.

17. Jakobsmuschel amandine

Zutaten:

- 2 Pfund Jakobsmuscheln, frisch oder gefroren
- 1 Teelöffel Salz
- Prise Pfeffer
- 1 Tasse Mehl
- 1 Tasse blanchierte Mandelsplitter
- 1 Tasse Butter oder Margarine, geschmolzen
- 2 Esslöffel gehackte Petersilie

Richtungen

a) Gefrorene Jakobsmuscheln auftauen. Schalenpartikel entfernen und waschen.

b) Jakobsmuscheln mit Salz und Pfeffer bestreuen. In Mehl wälzen. Mandeln in Butter braten, bis sie leicht gebräunt sind. Mandeln entfernen. Jakobsmuscheln zugeben und weiter braten.

c) Wenn die Jakobsmuscheln auf einer Seite braun sind, vorsichtig wenden und die andere Seite bräunen.

d) Garzeit etwa 4 bis 6 Minuten. Petersilie und Mandeln zugeben. Auf Toastspitzen servieren. Serviert 6.

18. Jakobsmuschel-Kroketten

Zutaten:

- 1 Pfund Jakobsmuscheln, frisch oder gefroren
- 1 Tasse Butter oder Margarine, geschmolzen
- 1/4 Tasse Mehl
- 1 Teelöffel Salz
- Prise Pfeffer
- 2 Eier, geschlagen
- 2 Esslöffel Sherry
- 2 Tasse trockene Semmelbrösel

Richtungen

a) Gefrorene Jakobsmuscheln auftauen. Schalenpartikel entfernen und waschen. Jakobsmuscheln hacken. Jakobsmuscheln 3 bis 4 Minuten in Butter garen, gelegentlich umrühren. Mehl und Gewürze untermischen.

b) Rühren Sie ein wenig von der scharfen Soße ins Ei; unter ständigem Rühren zur restlichen Soße geben.

c) Sherry hinzufügen. Mischung in eine flache Pfanne geben und abkühlen lassen. In 12 Portionen teilen.

d) Tüten formen und in Brösel wälzen. Im Kühlschrank mehrere Stunden kalt stellen. In einem Korb in tiefem Fett bei 375 °F 2 bis 3 Minuten braten oder bis sie braun sind.

e) Auf saugfähigem Papier abtropfen lassen. Serviert 6.

19. Gegrillte Jakobsmuscheln

Zutaten:

- 2 Pfund Jakobsmuscheln, frisch oder gefroren
- 1/2 Tasse Butter
- 1 Tasse geriebene Zwiebel ·
- 2 Teelöffel Senfpulver
- 2 Esslöffel Zitronensaft
- 1/i Tasse brauner Zucker
- l/2 Teelöffel Salz
- Prise Pfeffer

Richtungen

a) Gefrorene Jakobsmuscheln auftauen. Schalenpartikel entfernen und waschen. Große Jakobsmuscheln halbieren.

b) Restliche Zutaten mischen. Legen Sie Jakobsmuscheln in eine Backform, 11 x 0,7 x 1 Zoll. Mit Sauce bedecken.

c) Braten Sie etwa 3 Zoll von der Wärmequelle für 12 bis 15 Minuten oder bis sie braun sind. Während des Bratens zweimal umrühren und begießen. Dient

20. Jakobsmuschel-Kabobs

Zutaten:

- 1 Pfund Jakobsmuscheln, frisch oder gefroren
- 4 Scheiben Speck, in Quadrate geschnitten
- 1 Dose (4 Unzen) Champignons, abgetropft
- 1 grüne Paprika
- 3 Esslöffel Butter oder Margarine, geschmolzen
- 1 Teelöffel Salz
- Prise Pfeffer

Richtungen

a) Gefrorene Jakobsmuscheln auftauen. Schalenpartikel entfernen und waschen.

b) Jakobsmuscheln, Speckwürfel, Champignons und grüne Paprika abwechselnd auf 6 Spieße à 7 Zoll stecken. Auf eine gegrillte Bratpfanne geben. Butter und Gewürze verrühren. Kabobs mit gewürzter Butter bestreichen. Braten Sie etwa 3 Zoll von der Hitze für 5 Minuten.

c) Vorsichtig wenden. Die andere Seite mit gewürzter Butter bestreichen und 3 bis 5 Minuten länger grillen.

21. Gebratene Jakobsmuscheln

Zutaten:

- 1 Pfund Jakobsmuscheln, frisch oder gefroren
- 1 Tasse Butter oder Margarine, geschmolzen
- 2 Teelöffel Salz
- Prise weißen Pfeffer
- Spritzer Paprika
- 1 Bund Petersilie
- 1 Tasse Butter oder Margarine, geschmolzen
- 3 Esslöffel Zitronensaft

Richtungen

a) Gefrorene Jakobsmuscheln auftauen. Schalenpartikel entfernen und waschen. Große Jakobsmuscheln halbieren. Auf eine gefettete Grillpfanne legen. Butter, Salz, Pfeffer und Paprika mischen.

b) Jakobsmuscheln mit gewürzter Butter bestreichen. Braten Sie etwa 3 Zoll von der Wärmequelle für 3 bis 4 Minuten. Vorsichtig wenden. Die andere Seite mit gewürzter Butter bestreichen und 3 bis 4 Minuten lang grillen.

c) Mit Petersilie bestreuen. Kombinieren Sie Butter und Zitronensaft; mit Jakobsmuscheln servieren. Serviert 6

22. Gegrillte Jakobsmuscheln mit Pfirsichen

Zutaten:

- 1 Pfund Jakobsmuscheln, frisch oder gefroren
- 2 Esslöffel Butter oder anderes Fett, geschmolzen
- 2 Esslöffel Zitronensaft
- 1 Teelöffel Salz
- Prise Pfeffer
- 12 Pfirsichhälften aus der Dose
- 1/4 Teelöffel Zimt
- 1/4 Teelöffel Nelken
- 1 Teelöffel Keule
- 1 Teelöffel Salz
- 3 Scheiben Speck

Richtungen

a) Gefrorene Jakobsmuscheln auftauen. Schalenpartikel entfernen und waschen. Jakobsmuscheln in 112-Zoll-Stücke schneiden. Butter, Zitronensaft, Salz, Pfeffer und Jakobsmuscheln mischen. Legen Sie die Pfirsichhälften in eine Backform, 11 x 7 x 1 Zoll. Kombinieren Sie Zimt, Nelken, Muskatblüte und Salz. Pfirsiche darüberstreuen.

b) Etwa 2 Esslöffel Jakobsmuschelmischung in die Mitte jedes Pfirsichs geben. Speck quer vierteln.

c) Auf jeden Pfirsich eine Scheibe legen. Etwa 4 Zoll von der Hitzequelle entfernt 8 bis 10 Minuten grillen oder bis der Speck knusprig ist. Serviert 6.

CURIERTE JAKOBSMUSCHEL

23.   Curry-Muscheln

Zutaten:

- 1 Pfund Jakobsmuscheln, frisch oder gefroren
- 6 grüne Paprika
- 1 Tasse kochendes Wasser
- 1 Teelöffel Salz
- 2 Eier, geschlagen
- 3 Esslöffel geriebene Zwiebel
- 1 Teelöffel Selleriesalz
- 1 Teelöffel Currypulver
- 2 Esslöffel gehackter Pimiento Dash Cayennepfeffer
- 2 Esslöffel Butter oder Margarine, geschmolzen
- 1h Tasse trockene Semmelbrösel

Richtungen

a) Gefrorene Jakobsmuscheln auftauen. Schalenpartikel entfernen und waschen.

Jakobsmuscheln hacken. Paprika längs halbieren und Kerne entfernen. Paprika waschen; 12 bis 15 Minuten in kochendem Salzwasser garen. Abfluss.

b) Kombinieren Sie Ei, Zwiebel, Gewürze und Jakobsmuscheln. Paprika füllen. In eine Backform legen, 11 x 7 x 1 Zoll. Butter und Brösel mischen. Über die Paprikaschoten streuen.

c) Backen Sie in einem gemäßigten Ofen, 350° F., für 25 bis 30 Minuten oder bis braun. Serviert 6.

24. Gegrillte Jakobsmuscheln mit Tomatencoulis

Ausbeute: 1 Portionen

Zutaten:

- 2 große Schalotten; dünn geschnitten
- 2 Esslöffel Olivenöl
- 1 Teelöffel Senfkörner
- $1\frac{1}{2}$ Teelöffel Currypulver
- $\frac{1}{2}$ Teelöffel Zucker
- 6 Eiertomaten; entkernt und gehackt
- 2 Teelöffel Balsamico-Essig
- Pflanzenöl zum Auspinseln der Grillpfanne
- $\frac{3}{4}$ Pfund Jakobsmuschel

Richtungen

a) In einer Pfanne die Schalotten im Olivenöl bei mäßiger Hitze unter Rühren kochen, bis sie weich sind, die Senfkörner und das Currypulver einrühren und die Mischung unter Rühren 1 Minute kochen.

b) Rühren Sie den Zucker, die Tomaten und Salz und Pfeffer nach Geschmack ein und kochen Sie die Mischung unter Rühren 2 Minuten lang oder bis die Tomaten beginnen, ihren Saft abzugeben. Balsamico-Essig einrühren und Coulis warm halten.

c) Erhitzen Sie eine gut gewürzte geriffelte Grillpfanne bei mäßig hoher Hitze, bis sie heiß ist, und bürsten Sie sie mit Pflanzenöl aus. Fügen Sie die trocken getupften Jakobsmuscheln hinzu und grillen Sie sie $2\frac{1}{2}$ Minuten lang auf jeder Seite oder bis sie gerade so fest sind.

d) Das Coulis auf 2 Teller verteilen und jede Portion mit der Hälfte der Jakobsmuscheln belegen.

Jakobsmuscheln & Nudeln

25. Angel Hair Pasta mit gebratener Jakobsmuschel

Ausbeute: 2 Portionen

Zutaten

- 1 Teelöffel Margarine
- 2 Esslöffel Schalotten; gehackt
- 1 kleiner Knoblauch; gehackt
- 1 Unze Bay-Jakobsmuscheln
- 6 Spargelstangen; blanchiert diagonal in 1" Stücke schneiden
- ½ Tasse fettarme Milch
- ¼ Tasse halb und halb
- 1 Unze Parmesankäse
- 2 Esslöffel Frischkäse
- ⅛ Teelöffel weißer Pfeffer
- 1 Tasse Engelshaarnudeln; gekocht

Richtungen

a) In einer 10-Zoll-Antihaftpfanne Margarine bei mittlerer Hitze erhitzen, bis sie sprudelnd und heiß ist; fügen Sie Schalotten und Knoblauch hinzu und braten Sie, bis Jakobsmuscheln anfangen, undurchsichtig zu werden, ungefähr 5 Minuten; Spargel dazugeben und unter gelegentlichem Rühren weitere 2 Minuten kochen.

b) Rühren Sie die restlichen Zutaten außer den Nudeln ein und kochen Sie unter ständigem Rühren, bis die Mischung gerade zum Kochen kommt.

c) Zum Servieren die Nudeln in einer Servierschüssel anrichten; Mit der Jakobsmuscheln-Mischung belegen und zum Kombinieren schwenken.

26. Ravioli mit Mascarpone & Jakobsmuscheln

Serviert 4

Zutaten

- 12 große Jakobsmuscheln
- 2 Teelöffel Zitronenschale
- 1 Esslöffel Zitronensaft
- 1 Tasse gewürfelte frische Tomate
- 1 Esslöffel Olivenöl
- 2 Esslöffel trockener Weißwein
- 1/2 Tasse Fischbrühe
- 1/2 Tasse 35-prozentige Kochsahne
- 2 trockene französische Schalotten, fein gehackt
- 1 kleine Knoblauchzehe, gehackt
- 3 Esslöffel gehacktes Basilikum

Für die Ravioli

- 1 Tasse plus 2 EL kalter Mascarpone
- 24 quadratische Won-Tonnen-Wrapper
- 1 Ei
- 1/2 Teelöffel Espelette-Pfeffer
- Salz und frisch gemahlener Pfeffer nach Geschmack
- 1 Esslöffel Maisstärke

Richtungen

a) Die Zitronenschale fein reiben. Gib die Maisstärke in eine kleine Schüssel. Eiweiß und Eigelb trennen. Mascarpone, Eigelb, Espelette-Pfeffer, Salz und Pfeffer in eine Schüssel geben.

b) Je ½ Teelöffel der Zitronenschale und des Basilikums hinzugeben und alle Zutaten miteinander vermischen.

c) Auf einem feuchten Tuch 12 Won Ton Wraps ausbreiten und mit dem Eiweiß bestreichen. 1 Teelöffel Mascarpone-Füllung in die Mitte jedes Quadrats geben und jedes mit einem zweiten Quadrat bedecken. Achten Sie darauf, zuerst Ihre Finger in die Maisstärke zu stecken, drücken Sie um die Füllung herum, um jegliche Luft zu entfernen, und verschließen Sie die Päckchen. Bis zur Verwendung abdecken und kühl stellen.

d) Wenn Sie bereit sind, die Ravioli zu servieren, geben Sie Wasser in einen großen Topf, fügen Sie Salz hinzu und bringen Sie es zum Kochen. Einen Spritzer Olivenöl in eine Bratpfanne geben, stark erhitzen und die Jakobsmuscheln von beiden Seiten fassen. Vom Herd nehmen, Jakobsmuscheln auf ein Backblech legen und beiseite stellen. Ofen auf 350 F erhitzen.

e) Die Bratpfanne mit einem Schuss Olivenöl wieder erhitzen und die Schalotten und den Knoblauch anschwitzen, aber nicht färben. Bei starker Hitze die Pfanne mit dem Weißwein ablöschen. Ein paar Minuten mixen, den Fischfond dazugeben und auf die Hälfte reduzieren. Die Sahne zugeben und bei mittlerer Hitze weiterkochen, um die Sauce zu binden.

f) Zum Schluss die Tomaten, die restlichen $\frac{1}{2}$ Teelöffel Zitronenschale, das Basilikum und den Zitronensaft hinzugeben. Mit Salz und Pfeffer würzen. Hitze abstellen.

g) An diesem Punkt die Jakobsmuscheln je nach Größe für 4 bis 5 Minuten in den Ofen geben, um den Garvorgang abzuschließen. Servierteller erhitzen. Die Ravioli vorsichtig für 2 bis 3 Minuten in kochendes Salzwasser geben. Mit einer Schaumkelle aus dem Topf nehmen und abtropfen lassen. Jakobsmuscheln aus dem Ofen nehmen. Fügen Sie den Jakobsmuschelsaft, den es gibt, der Sauce hinzu. Wenn Sie es als Hauptgericht servieren, legen Sie drei Ravioli in die Mitte jedes Tellers, drei Jakobsmuscheln um die Won Tons herum und gießen Sie die Sauce über die Ravioli.

h) Jeden Teller mit einem Basilikumblatt und frisch gemahlenem Pfeffer garnieren.

27. Spaghetti mit Jakobsmuschelsauce

Zutaten

- 1 Pfund Jakobsmuscheln, frisch oder gefroren
- 1 Tasse gehackte Zwiebel
- 1 Tasse gehackter Sellerie
- 2 Knoblauchzehen, gehackt
- 2 Esslöffel gehackte Petersilie
- 1 Tasse Butter oder anderes Fett, geschmolzen
- 2 Dosen (jeweils 8 Unzen) Tomatensauce
- 1 Teelöffel Salz
- 1 Teelöffel Paprika
- Prise Pfeffer
- 3 Tassen gekochte Spaghetti
- Geriebener Parmesankäse

Richtungen

a) Schalenpartikel entfernen und waschen. Große Jakobsmuscheln halbieren.

b) Zwiebel, Sellerie, Knoblauch und Petersilie in Butter weich kochen. Tomatensauce, Gewürze und Jakobsmuscheln hinzufügen.

c) 20 Minuten köcheln lassen, gelegentlich umrühren.

d) Über Spaghetti servieren.

e) Mit dem darüber gestreuten Käse garnieren.

28. Jakobsmuscheln in Sauce mit Spinat-Fettuccine

Ausbeute: 1 Portionen

Zutaten

- 1 Unze Pilze; geschnitten
- ½ Unze Butter
- 4 Unzen Alaska-Jakobsmuscheln; aufgetaut
- 4 Unzen Sahnesauce
- 1½ Tasse Spinat-Fettuccine-Nudeln; al dente gekocht
- Parmesan Käse; gerieben
- Petersilie; gehackt
- ¼ Tasse Schalotten; gehackt
- 1½ Teelöffel Knoblauch; gehackt
- 1½ Unzen Butter
- 2 Unzen trockener Wermut
- 1⅓ Quart Sahne
- ½ Unze Zitronensaft
- Salz; schmecken

- Pfeffer; schmecken
- 2 Spritzer Cayennepfeffer

Richtungen

a) Champignons in Butter etwa 1 Minute anbraten. Alaska-Jakobsmuscheln hinzufügen und weitere 2 bis 3 Minuten garen, bis das Fleisch undurchsichtig ist. Sahnesauce hinzufügen; zum Köcheln bringen und 1 Minute kochen. Gut abgetropfte Nudeln auf einem Teller anrichten und mit den cremigen Jakobsmuscheln garnieren. Mit Käse und Petersilie garnieren.

b) Sahnesauce: Schalotten und Knoblauch in Butter glasig dünsten. Pfanne mit Wermut ablöschen. Sahne hinzufügen; zum Köcheln bringen und reduzieren $1/3$ oder bis leicht verdickt. Zitronensaft dazugeben und mit Salz und Pfeffer abschmecken. Zum Service warm halten.

29. Jakobsmuscheln mit Fettuccine

Ausbeute: 4 Portionen

Zutaten

- 2½ Unzen Olivenöl
- 4 Knoblauchzehen; fein gehackt
- 2 Pfund Pralle / runde frische Tomaten
- ⅛ Teelöffel Basilikum
- 2½ Teelöffel Salz
- ½ Teelöffel Pfeffer
- 1½ Unzen süßer Wermut
- 1 Teelöffel Zucker
- 1 Pfund Jakobsmuscheln
- 1 Pfund Fettuccine oder dünne Spaghetti

Richtungen

a) Verwenden Sie einen 2-Liter-Topf. Olivenöl und Knoblauch hineingeben.

b) Den Knoblauch bei mittlerer Temperatur leicht anbräunen. Fügen Sie die Tomaten hinzu und fügen Sie dann die restlichen Zutaten außer den Jakobsmuscheln hinzu.

c) Bei schwacher Hitze 20 Minuten kochen lassen. Jakobsmuscheln zugeben und weitere 5 Minuten garen.

d) Wenn Sie Jakobsmuscheln verwenden, die größer als $\frac{1}{2}$ Zoll sind, kochen Sie 7 Minuten lang. Nudeln nach Packungsanweisung kochen. Vollständig abtropfen lassen. Nudeln in eine große Schüssel geben und Jakobsmuscheln und Soße darüber gießen. Dienen. Ergibt 4 Portionen.

30. Fliegennudeln mit geschwärzten Jakobsmuscheln

Ausbeute: 4 Portionen

Zutaten

- 2 geröstete rote Paprika
- ⅓ Tasse Gehackte Schalotte (2 große)
- 1 Knoblauchzehe geschält & hacken
- 1 Esslöffel Sherry-Essig
- 2 Esslöffel gehackte Walnüsse
- 2 Knoblauchzehen, geschält
- 1½ Tasse frische Korianderblätter
- ¼ Tasse Meeresfrüchtebrühe
- 3 Esslöffel Frisch gepresster Zitronensaft
- 8 Unzen getrocknete Fliegennudeln
- ¾ Tasse Meeresfrüchtebrühe
- 2 Esslöffel Gehackter frischer Basilikum
- 16 große Jakobsmuscheln etwa 1 Pfund
- 4 Esslöffel Schwärzungsgewürz
- 1 Esslöffel Paprika

- 1 Teelöffel getrockneter Thymian
- ½ Zitrone

Richtungen

a) In der Zwischenzeit die Pfeffersauce zubereiten. Geröstete Paprika, Schalotten, Knoblauch und Essig in einen Mixer geben und glatt pürieren. Fügen Sie ½ Tasse der Meeresfrüchtebrühe und das Basilikum hinzu und mischen Sie, bis alles vermischt ist.

b) Die Mischung in einen kleinen Topf geben, abdecken und auf niedrigster Stufe erwärmen. Für das Korianderpesto die Walnüsse, den Knoblauch und den Koriander in die Schüssel einer Küchenmaschine geben. Schalten Sie die Maschine ein und fügen Sie 1 Esslöffel der Meeresfrüchtebrühe durch den Einfüllstutzen hinzu.

c) Mit Zitronensaft beträufeln, bis eine Paste entsteht. Den Inhalt der Küchenmaschine in eine kleine Rührschüssel geben und weitere 3 Esslöffel der Brühe einrühren. Wenn das Wasser kocht, die Nudeln in den Topf geben. 8 bis 10 Minuten kochen, bis die gewünschte Zartheit erreicht ist.

d) Abfluss. Die Jakobsmuscheln mit dem Schwärzungsgewürz, Paprika und Thymian bestäuben. Eine schwere Bratpfanne 2 bis 3 Minuten bei mittlerer Hitze erhitzen.

e) Sprühen Sie die Pfanne mit Pflanzenöl ein. Die vorbereiteten Jakobsmuscheln dazugeben und 2 Minuten auf jeder Seite anbraten. Reduzieren Sie die Hitze auf ein Minimum und drücken Sie die Zitrone über die Jakobsmuscheln. Abdecken und 5 Minuten garen, bis die Jakobsmuscheln fest sind. Die abgetropften Nudeln zurück in den Topf geben. Korianderpesto bei schwacher Hitze unterrühren.

f) Die Nudeln auf 4 Schüsseln verteilen. 4 Jakobsmuscheln darauf legen und die Pfeffersauce über die Jakobsmuscheln gießen.

31. Jakobsmuschel-Scampi

Ausbeute: 1 Portionen

Zutaten

- ½ Pfund Penne-Nudeln
- 2 Unzen ungesalzene Butter; geschmolzen
- 2 Esslöffel Plus 2 TL. Olivenöl
- 2 Esslöffel trockener Wermut
- 1 Esslöffel Zitronensaft
- 2 Esslöffel Schalotten; gehackt
- 1½ Teelöffel Knoblauch; gehackt
- 1½ Esslöffel Petersilie; gehackt
- 1 Pfund Jakobsmuscheln

Richtungen

a) Nudeln in einem großen Topf mit kochendem Wasser 8-10 Minuten kochen, oder bis sie al dente sind.

b) Abgießen und warm halten. Broiler einschalten. Restliche Zutaten, außer Jakobsmuscheln, in einer Schüssel vermengen. Mit Salz und Pfeffer abschmecken. Gut mischen.

c) Jakobsmuscheln in einer grillfesten Schale anrichten. Buttermischung über die Jakobsmuscheln gießen und schwenken. 3-4 Minuten grillen. Wenden und 2-3 Minuten grillen. Über Nudeln servieren.

32. Fettuccine mit Jakobsmuscheln und Erbsen

Ausbeute: 6 Portionen

Zutaten

- 2 Tassen Frische Erbsen
- ¾ Pfund Fettuccine
- 1¼ Pfund Jakobsmuscheln
- 2 Esslöffel ungesalzene Butter
- Safran-Butter-Sauce

Richtungen

a) Erbsen in einem Topf mit kochendem Salzwasser 3-5 Minuten kochen (frisch kann etwas länger dauern) oder bis sie gerade weich sind.

b) Gut abtropfen lassen. In einem Wasserkocher mit kochendem Salzwasser die Nudeln al dente kochen, abgießen und in eine große Pfanne geben.

c) In der Zwischenzeit die Jakobsmuscheln in einem Dampfgarer über kochendem Wasser anrichten, mit Salz und Pfeffer würzen und zugedeckt 2-3 Minuten dämpfen oder bis sie gerade durchgegart sind.

d) Zu den Nudeln Butter, Erbsen sowie Salz und Pfeffer nach Geschmack hinzufügen.

e) Erhitzen Sie die Mischung bei schwacher Hitze und schwenken Sie sie gut durch. Die Jakobsmuscheln und die Safran-Butter-Sauce dazugeben und gut durchschwenken. Heiß servieren.

Jakobsmuscheln Hauptgericht

33. Gebackene Jakobsmuschel-Timbales

Richtungen

- 1 Pfund Jakobsmuscheln, frisch oder gefroren
- 2 Esslöffel Butter oder Margarine, geschmolzen
- 1 Tasse weiche Brotwürfel
- 1 Esslöffel gehackte Petersilie
- 1 Teelöffel Paprika
- 1 Teelöffel Salz
- Prise Pfeffer
- 1 Tasse Milch
- 3 Eier, geschlagen

Richtungen

a) Gefrorene Jakobsmuscheln auftauen. Schalenpartikel entfernen und waschen. Jakobsmuscheln hacken.

b) Kombinieren Sie alle Zutaten. In 6 gut gefettete, einzelne Schalen oder 5-Unzen-Puddingbecher geben.

c) Backen Sie in einem gemäßigten Ofen, 350° F., für 25 bis 30 Minuten oder bis fest in der Mitte und braun. Serviert 6.

34. Mit Jakobsmuscheln gefüllter Eichelkürbis

Zutaten

- 1 Pfund Jakobsmuscheln, frisch oder gefroren
- 3 mittelgroßer Eichelkürbis
- 2 Esslöffel Butter oder Margarine, geschmolzen
- 1 Teelöffel Salz
- Prise Pfeffer
- 1 Tasse Wasser
- 2 Esslöffel geriebene Zwiebel
- 1 Esslöffel Meerrettich
- 1 Dose (4 Unzen) gehackte Pilze
- 2 Esslöffel Butter oder anderes Fett, geschmolzen
- 2 Esslöffel Mehl
- 1/2 Teelöffel Salz
- 1/4 Tasse Milch
- 1 Esslöffel Butter oder Margarine, geschmolzen

- 1 Tasse trockene Semmelbrösel

Richtungen

a) Gefrorene Jakobsmuscheln auftauen. Schalenpartikel entfernen und waschen. Jakobsmuscheln hacken. Kürbis längs halbieren und Kerne entfernen.

b) Die Mitte mit Butter bestreichen und mit Salz und Pfeffer bestreuen. In eine Kasserolle mit Wasser geben.

c) Abdecken und in einem gemäßigten Ofen bei 350 °F 1 Stunde lang backen oder bis sie weich sind.

d) Zwiebel, Meerrettich, Champignons und Jakobsmuscheln 3 bis 4 Minuten in Butter anschwitzen und gelegentlich umrühren.

e) Mehl und Salz untermischen. Milch nach und nach zugeben und unter ständigem Rühren dickflüssig einkochen. Kürbis füllen.

f) Kombinieren Sie Butter und Krümel; über die Jakobsmuschelmischung streuen.

g) Zurück in den Ofen und ohne Deckel backen, bis sie braun sind.

35. Jakobsmuschel-Thermidor

Zutaten

- 1 Pfund gekochte Jakobsmuscheln
- 1 Dose (4 Unzen) Pilzstiele und -stücke, abgetropft
- 1 Tasse Butter, geschmolzen
- 1/4 Tasse Mehl
- 1 Teelöffel Salz
- 1 Teelöffel Senfpulver
- Cayennepfeffer pürieren
- 2 Tassen Milch
- 2 Esslöffel gehackte Petersilie
- Geriebener Parmesankäse
- Paprika

Richtungen

a) Große Jakobsmuscheln halbieren. Champignons in Butter 5 Minuten braten. Mehl und Gewürze untermischen. Milch nach und nach zugeben und unter ständigem Rühren dickflüssig einkochen.

b) Jakobsmuscheln und Petersilie hinzufügen. In 6 gut gefettete, einzelne Schalen oder 5-Unzen-Puddingbecher geben. Mit Käse und Paprika bestreuen.

c) Im heißen Ofen bei 400 °F 10 bis 15 Minuten backen oder bis der Käse braun wird. Serviert 6.

36. Jakobsmuscheln & Reis gratiniert

Zutaten

- 1 Pfund Jakobsmuscheln, frisch oder gefroren
- 1 Tasse gehackter grüner Pfeffer
- 1 Tasse gehackter Sellerie
- 1/4 Tasse gehackte Zwiebel
- 1/4 Tasse Butter oder anderes Fett, geschmolzen
- 1/4 Tasse Mehl
- 1 Teelöffel Salz
- Prise Pfeffer
- 1 Tasse Milch
- 2 Tassen gekochter Reis
- 1 Tasse geriebener Käse

Richtungen

a) Gefrorene Jakobsmuscheln auftauen. Schalenpartikel entfernen und waschen.

Jakobsmuscheln hacken. Paprika, Sellerie und Zwiebel in Butter weich kochen.

b) Mehl und Gewürze untermischen. Milch nach und nach zugeben und unter ständigem Rühren dickflüssig einkochen. Jakobsmuscheln hinzufügen. Die Hälfte des Reis, die Jakobsmuscheln und den Käse in abwechselnden Schichten in einer gut gefetteten 1 %-Quart-Auflaufform anrichten.

c) Schichten wiederholen. Backen Sie in einem gemäßigten Ofen, 350°F, für 30 bis 35 Minuten oder bis braun.

d) Serviert 6.

37. Gebackene Jakobsmuscheln mit Knoblauchsauce

Zutaten

- 1 1/2 Pfund Jakobsmuscheln, halbiert
- 3 Knoblauchzehen, zerdrückt
- 1/4 Tasse (1/2 Stange) Margarine, geschmolzen
- 10 feste weiße Champignons, in Scheiben geschnitten
- Leichte Prise Zwiebelsalz
- Prise frisch geriebener Pfeffer
- 1/3 Tasse gewürzte Semmelbrösel
- 1 Teelöffel fein gehackte frische Petersilie

Richtungen

a) Jakobsmuscheln mit feuchtem Papiertuch abwischen. Knoblauchzehen pürieren und zur Margarine geben; gut umrühren, um zu mischen. Warm halten.

b) Gießen Sie ein wenig von der geschmolzenen Knoblauchsauce auf den Boden einer Auflaufform; Pilze dazugeben und würzen.

c) Legen Sie die Jakobsmuscheln auf die Pilze. Reservieren Sie 1 Esslöffel Knoblauchsauce und beträufeln Sie die Jakobsmuscheln mit dem Rest. Mit

Semmelbröseln, Petersilie und reservierter Knoblauchsauce bestreuen.
d) Im vorgeheizten 375-Grad-F-Ofen backen, bis die Oberseite schön gebräunt und sprudelnd heiß ist.

38. Gebackene Jakobsmuscheln mit Tomaten

Zutaten

- 1 Pfund Jakobsmuscheln, frisch oder gefroren
- 3 Tomaten
- 1 Teelöffel Salz
- Prise Pfeffer
- 2 Esslöffel Butter oder Margarine, geschmolzen
- 2 Teelöffel Selleriesalz
- 2 Teelöffel Worcestershire-Sauce
- 1 Tasse geriebener Käse

Richtungen

a) Gefrorene Jakobsmuscheln auftauen. Schalenpartikel entfernen und waschen. Große Jakobsmuscheln halbieren. Tomaten waschen. Quer in 4 Scheiben schneiden.

b) Ordnen Sie Tomatenscheiben in einer gut gefetteten Backform an, 11 x 7 x 1 Zoll.

Mit Salz und Pfeffer bestreuen. Butter, Selleriesalz und Worcestershire-Sauce mischen.

c) Jakobsmuscheln auf Tomaten legen. Käse über die Jakobsmuscheln streuen.

d) Backen Sie in einem sehr heißen Ofen, 450 ° F., für 15 bis 20 Minuten oder bis sie braun sind.

39. Andouille Jakobsmuscheln & Senfsauce

Ausbeute: 2 Portionen

Zutaten

- ¾ Tasse gerendert; gehackte Andouille-Wurst
- ½ Tasse Semmelbrösel
- 1 Esslöffel Olivenöl
- 2 Teelöffel Bayou-Explosion
- 10 große Jakobsmuscheln
- ¼ Tasse kreolischer Senf
- 1 Tasse Sahne
- ¼ Teelöffel frisch gemahlener schwarzer Pfeffer
- 1 Esslöffel gehackte Petersilie

Richtungen

a) Braten Sie die Wurst in einer Pfanne bei mittlerer Hitze, bis sie leicht gebräunt und das Fett ausgetreten ist. Abkühlen lassen. In einer kleinen Schüssel Würstchen mit Semmelbröseln, Olivenöl und 1 Teelöffel Bayou Blast vermengen und gut vermischen.

b) Backofen auf 400 Grad vorheizen. Eine ofenfeste Auflaufform mit Butter ausbuttern, die gerade groß genug für Jakobsmuscheln ist. Beide Seiten der Jakobsmuscheln mit den restlichen kreolischen Gewürzen bestreuen und die Jakobsmuscheln in eine Auflaufform geben. Jakobsmuscheln mit der Wurstmischung belegen. 10 bis 15 Minuten backen, bis der Belag knusprig ist und die Jakobsmuscheln gerade durchgegart sind.

c) In der Zwischenzeit Senfsauce zubereiten: In einem kleinen Topf Sahne mit Senf erhitzen und dabei häufig umrühren; Mischung nicht kochen lassen.

d) Mit Pfeffer würzen und die Hälfte der gehackten Petersilie unterrühren. Zum Servieren Jakobsmuscheln auf 2 Teller verteilen und Senfsauce darüber löffeln.

e) Mit restlicher Petersilie bestreuen.

40. Artischockenböden mit Jakobsmuscheln

Ausbeute: 8 Portionen

Zutaten

- ¾ Pfund Jakobsmuscheln, Lorbeer, gewaschen
- 1 Tasse Semmelbrösel, frisch, fein
- 3 Esslöffel Petersilie, frisch, gehackt
- ½ Teelöffel Estragon, getrocknet
- ¼ Tasse Sellerie, gehackt
- 2 Knoblauch, Nelken, gehackt
- 28 Unzen Artischockenböden, abgetropft
- (2-14 oz Dosen)
- Öl, Raps, zum Bürsten
- Auf Grillrost

Richtungen

a) Jakobsmuscheln, Semmelbrösel, Petersilie, Estragon, Sellerie und Knoblauch in einer Schüssel mischen. Die Füllung vorsichtig in den Artischockenboden häufen.

b) Grill vorbereiten. Wenn die Kohlen heiß sind, legen Sie die Artischocken auf einen mit Öl bestrichenen Grillrost, etwa 4 bis 6 Zoll von der Wärmequelle entfernt. Abdeckgitter.

c) Gefüllte Artischocken ca. 3 Minuten garen oder bis die Jakobsmuscheln undurchsichtig sind. Mit einem langstieligen Pfannenwender die Artischockenböden auf eine Servierplatte geben. Heiß servieren.

41. Asiatische Gazpacho mit Jakobsmuschel-Satay

Ausbeute: 1 Portionen

Zutaten

- 2 mittelgroße Gurken; geschält und entkernt
- 18 Unzen Dose ganze Roma-Tomaten mit Saft oder superreife frische Roma-Tomaten, geschält
- 1 mittelgroße rote Zwiebel; gehackt
- 5 Knoblauchzehen
- 2 Esslöffel gehackter Ingwer
- 3 Serrano-Chilis; Stamm entfernt
- 1 Esslöffel Sesamöl
- ¼ Tasse Rapsöl
- ¼ Tasse dünne Sojasauce
- ⅛ Tasse Reisweinessig
- 2 Limetten; Saft von
- 2 Esslöffel Sambal
- ½ Bund Koriander
- ½ Bund Minze

- ½ Bund Basilikum
- 1 Esslöffel gemahlener Koriander
- Salz
- Pfeffer
- ½ Tasse geschnittene Frühlingszwiebeln

Richtungen

a) Mit einer Küchenmaschine oder einem Mixer das gesamte Gemüse portionsweise vollständig pürieren.

b) Öle, Sojasauce, Essig, Limettensaft und Sambal hinzugeben. Mixen und mit Salz und Pfeffer würzen. Kräuter und gemahlenen Koriander zugeben, pürieren und nochmals abschmecken.

c) Falls es zu herb schmeckt, kann etwas Zucker hinzugefügt werden. Idealerweise sollte dies einen Tag im Voraus zubereitet werden, damit die Aromen Zeit haben, sich zu vermischen und zu entfalten.

42. Avocado- und Jakobsmuschel-Ceviche

Ausbeute: 8 Portionen

Zutaten

- ½ Tasse frischer Limettensaft
- 3 Esslöffel Erdnussöl
- 24 grüne Pfefferkörner, zerkleinert
- Salz nach Geschmack
- Schwarzer Pfeffer nach Geschmack
- ¾ Pfund Meer- oder Bay-Jakobsmuscheln, fein gehackt
- Zusätzlicher Schnittlauch
- 1 große reife Avocado, geschält
- 2 Esslöffel frischer Schnittlauch, gehackt, oder:
- Frühlingszwiebeln, gehackt
- 40 kleine weiße Pilze
- ¼ Tasse Pflanzenöl
- 2 Esslöffel frischer Zitronensaft
- 1 mittelgroße Knoblauchzehe, geschält und zerdrückt

- Salz & Pfeffer nach Geschmack

Richtungen

a) Kombinieren Sie Limettensaft, Öl, Pfefferkörner, Salz und Pfeffer in einer Glas- oder Keramikschüssel. Die Jakobsmuscheln einrühren, abdecken und während der Marinierung mindestens 4 Stunden im Kühlschrank ruhen lassen. Sie sollten in dieser Zeit undurchsichtig werden.

b) Die Avocado fast glatt pürieren, dann zusammen mit dem Schnittlauch oder den Frühlingszwiebeln zu den marinierten Jakobsmuscheln geben (nicht abtropfen lassen) und gut mischen. Mindestens $\frac{1}{2}$ Stunde im Kühlschrank ruhen lassen. Entfernen Sie etwa eine halbe Stunde vor dem Servieren der Jakobsmuscheln die Stiele von den Pilzen und wischen Sie sie ab, um Schmutz zu entfernen.

c) Kombinieren Sie Pflanzenöl, Zitronensaft, Knoblauch, Salz und Pfeffer in einer kleinen Schüssel und bestreichen Sie die Innenseiten der Pilze großzügig mit der Mischung. Kurz vor dem Servieren die Kappen abtropfen lassen und mit der Jakobsmuschelmischung füllen. Nach Belieben mit zusätzlichem Schnittlauch garnieren.

43. Gebackene Flunder mit Jakobsmuschelfüllung

Ausbeute: 6 Portionen

Zutaten

- ½ Tasse Butter
- 1 Knoblauchzehe – gehackt
- 1 kleine Zwiebel – fein gehackt
- ½ Pfund Jakobsmuscheln – gehackt
- Salz
- Frisch gemahlener schwarzer Pfeffer
- Trockener Weißwein
- Trockene Semmelbrösel – fein
- 6 Flunderfilets – 5-7 oz
- ¼ Tasse Butter – geschmolzen
- ½ Tasse heißes Wasser
- 2 Esslöffel Butter
- 2 Esslöffel Mehl
- 1 Tasse Milch
- Salz
- Frisch gemahlener schwarzer Pfeffer

- Trockener Weißwein

Richtungen

a) In einer 10-Zoll-Pfanne die ½ Tasse Butter schmelzen. Knoblauch und Zwiebel dazugeben und anschwitzen, bis die Zwiebeln glasig sind. Jakobsmuscheln hinzufügen und 2 oder 3 Minuten kochen.

b) Mit Salz, Pfeffer und Weißwein abschmecken. Fügen Sie ausreichend Semmelbrösel hinzu, um eine saftige Füllung zuzubereiten.

c) Legen Sie jedes Flunderfilet mit der dunklen Seite nach oben auf eine ebene Fläche. Die Jakobsmuschelfüllung in die Mitte jedes Filets geben und gleichmäßig auf die Filets verteilen. Falten Sie beide Enden jedes Filets über die Füllung und überlappen Sie die Enden.

d) Gießen Sie die geschmolzene Butter und das heiße Wasser in eine 22,9 x 30,5 cm große Auflaufform.

e) Die gefüllten Filets in die Auflaufform geben und 20 Minuten backen, während Sie eine weiße Soße zubereiten.

f) WEISSE SAUCE: Butter in einem kleinen Topf schmelzen, dann Mehl einrühren. Bei schwacher Hitze 2-3 Minuten köcheln lassen, dabei ständig rühren. Dann Milch, Salz, Pfeffer und Weißwein nach Geschmack hinzufügen. Erhöhen Sie die Hitze auf mittel und schlagen Sie ständig, bis die Sauce eingedickt ist.

g) Kochen Sie einige Minuten bei schwacher Hitze unter Rühren. Wenn die Flunder 20 Minuten gebacken hat, die weiße Soße über die gefüllten Filets gießen. Die Auflaufform kurz in den Ofen stellen und erhitzen, bis die Sauce zu sprudeln beginnt.

44. Gebackene Jakobsmuscheln und Pilze in Knoblauchsauce

Ausbeute: 4 Portionen

Zutaten

- ¾ Pfund Jakobsmuscheln
- ¼ Tasse Mehl
- ½ Pfund Pilze; Stängel zerkleinert
- 3 Esslöffel Olivenöl
- ¼ Tasse Weißwein
- 3 Esslöffel feine Semmelbrösel
- 2 Esslöffel gehackte Zwiebel
- 1 Esslöffel gehackte Petersilie
- 2 Knoblauchzehen; gehackt
- 1 Prise Paprikaflocken & Salz

Richtungen

a) Backofen auf 350F vorheizen. Eine flache Auflaufform mit Öl auspinseln.

b) Backen Sie die Pilzkappen 10 Minuten lang. Kombinieren Sie Stängel, Krümel, Zwiebel, Petersilie, Paprika und Salz gut miteinander. Jakobsmuscheln in die Auflaufform geben.

c) Den Wein in die Auflaufform geben. Streuen Sie die gehackte Mischung darüber und träufeln Sie das restliche Öl darüber. Backen Sie für weitere 20 Minuten oder bis Sie fertig sind.

45. Gegrillte Jakobsmuscheln Hoisin

Ausbeute: 1 Portionen

Zutaten

- 1¼ Pfund Bucht oder Jakobsmuscheln
- 2 mittelgroße rote Paprika, in 1 1/2-Zoll-Quadrate geschnitten
- 3 Esslöffel Hoisin-Sauce
- 1 Esslöffel Sojasauce
- 2 Esslöffel trockener Sherry
- 1 Esslöffel Zucker

Richtungen

a) Paprika und Jakobsmuscheln abwechselnd auf Holzspieße stecken, mit Paprika beginnen und enden.

b) Hoisin, Soja, Sherry und Zucker mischen. Die Schalentiere und Paprika mit der Sauce bestreichen und gut bestreichen.

c) Grillen Sie die Kabobs über heißen Kohlen 4 Zoll von der Hitzequelle entfernt, 3 bis 4 Minuten pro Seite. Auf eine Platte geben und servieren.

46. Gegrillte Jakobsmuscheln mit Safran-Couscous

Ausbeute: 4 Portionen

Zutat

- ¼ Tasse Ketchup
- ¼ Tasse Pflaumensauce
- 2 Esslöffel frischer Limettensaft
- 1 Esslöffel Zubereiteter Meerrettich
- ⅛ Teelöffel Pfeffer
- 16 große Jakobsmuscheln; ungefähr 1-1/2 Pfund
- 1¼ Tasse Wasser
- 1 Tasse gehackte Tomate
- ⅓ Tasse Karottenwürfel
- ⅓ Tasse Gehackte Zwiebel
- ¼ Tasse Gehackter Sellerie
- ¼ Teelöffel Salz
- ¼ Teelöffel Safranfäden; zerquetscht
- ⅛ Teelöffel Pfeffer
- 1 Tasse ungekochter Couscous

- 2 Teelöffel natives Olivenöl extra

Richtungen:

a) Kombinieren Sie die ersten 5 Zutaten in einer Schüssel; gut umrühren. Ordnen Sie Jakobsmuscheln in einer einzelnen Schicht in einem 1-$\frac{1}{2}$-Quart-Auflauf an; Löffel etwa 6 Esslöffel Ketchup-Mischung über Jakobsmuscheln. Zugedeckt 30 Minuten kalt stellen.

b) Kombinieren Sie Wasser und die nächsten 7 Zutaten (Wasser durch Pfeffer) in einem mittelgroßen Topf und bringen Sie es zum Kochen; Couscous nach und nach unterrühren. Vom Herd nehmen; abdecken und 5 Minuten stehen lassen. Öl hinzufügen und mit einer Gabel auflockern. Jakobsmuscheln freilegen und 6 Minuten auf jeder Seite grillen oder bis sie fertig sind.

c) Couscous-Mischung auf einzelne Teller geben; Mit Jakobsmuscheln belegen und mit der restlichen Ketchup-Mischung beträufeln.

d) Nach Belieben mit frischen Fruchtscheiben und Petersilie garnieren.

47. Jakobsmuscheln mit Zitrone und Dill

Ausbeute: 4 Portionen

Zutat

- 2 Esslöffel ungesalzenes Oleo; (1/4 Stick)
- 1½ Pfund Lorbeer-Jakobsmuschel
- ⅔ Tasse Trockener Wermut
- 1 Esslöffel Zitronensaft
- ½ Teelöffel fein geriebene Zitronenschale
- ¼ Tasse gehackter frischer Dill ODER
- ½ Teelöffel getrockneter Dillweed
- ¼ Teelöffel frisch gemahlener Pfeffer

Richtungen:

a) Beschichten Sie die schwere große Bratpfanne großzügig mit Antihaft-Gemüsespray. Oleo hinzufügen und bei mittlerer Hitze schmelzen.

b) Jakobsmuscheln hinzugeben und umrühren, bis sie fast undurchsichtig sind, etwa 2 Minuten. Mit einem geschlitzten Löffel in eine Schüssel geben. Wermut, Zitronensaft und Zitronenschale in die Pfanne geben und etwa 5 Minuten kochen, bis eine dicke Glasur entsteht

c) Fügen Sie alle von den Jakobsmuscheln verströmten Säfte hinzu und kochen Sie, bis sie zu Glasur reduziert sind. Jakobsmuscheln zurück in die Pfanne geben und umrühren, bis sie mit Sauce überzogen sind. Dill & Pfeffer untermischen.

d) Sofort servieren.

48. Jakobsmuscheln mit Spinat und Knoblauch

Ausbeute: 4 Portionen

Zutat

- 2 Teelöffel Olivenöl
- 3 große Knoblauchzehen; geschält u
- 1 Teelöffel geriebene Zitronenschale
- 2 Pfund frischer Spinat
- 2 Teelöffel koscheres Salz
- Frisch gemahlener Pfeffer dazu; Geschmack
- 1 Pfund Jakobsmuscheln
- 2 Esslöffel frischer Zitronensaft
- ¼ Tasse Weißwein

Richtungen:

a) 1 Teelöffel Öl in einem großen Topf bei mittlerer Hitze erhitzen. Knoblauch und Zitronenschale hinzugeben und unter ständigem Rühren 20 Sekunden köcheln lassen. Den Spinat hinzugeben und von Zeit zu Zeit schwenken, bis er zusammengefallen ist. Flüssigkeit abgießen und mit 1 TL Salz und Pfeffer würzen. Warm halten.

b) 1 Teelöffel Öl in einer großen beschichteten Pfanne bei mittlerer Hitze erhitzen. Fügen Sie die Jakobsmuscheln hinzu und braten Sie sie etwa 1 Minute lang an, bis sie gerade durchgegart sind. Nehmen Sie die Jakobsmuscheln aus der Pfanne und fügen Sie den Zitronensaft und den Wein hinzu. 15 Sekunden kochen, den Boden der Pfanne abkratzen.

c) Vom Herd nehmen, die Jakobsmuscheln hineingeben und mit dem restlichen Salz und Pfeffer abschmecken. Legen Sie einen Haufen Spinat in die Mitte von 4 Tellern und umgeben Sie ihn mit Jakobsmuscheln.

49. Rind & Jakobsmuschel anbraten

Ausbeute: 4 Portionen

Zutat

- 2 Esslöffel Erdnussöl
- 1¼ Tasse geschnittene Frühlingszwiebel
- 1 Teelöffel gehackter Knoblauch
- 1 Esslöffel Wasser
- 1 Pfund Rindfleisch zum Braten
- 1 Prise frischer Ingwer
- 1 Prise Paprikaflocken
- 1 Prise weißer Pfeffer
- ¾ Pfund Jakobsmuscheln
- 1 Teelöffel Salz
- 1 Prise Paprikaflocken

Richtungen:

a) Öl im Wok oder in einer großen Pfanne erhitzen, bis es fast raucht. Fügen Sie Knoblauch und Rindfleisch hinzu, dann Jakobsmuscheln und braten Sie etwa 30 Sekunden lang.

b) Fügen Sie die restlichen Zutaten hinzu und braten Sie Rindfleisch und Jakobsmuscheln weitere 20 bis 30 Sekunden lang an.

50. Geschmorte getrocknete Jakobsmuscheln und Radieschen

Ausbeute: 4 Portionen

Zutat

- 10 Getrocknete Jakobsmuscheln
- $1\frac{1}{2}$ Tasse Einweichflüssigkeit
- 1 Tasse Vorrat
- 2 Esslöffel Sherry
- $\frac{1}{2}$ Teelöffel Salz
- 30 Radieschen (bis zu)
- 3 Esslöffel Öl
- 1 Teelöffel Maisstärke
- 1 Esslöffel Wasser

Richtungen:

a) Getrocknete Jakobsmuscheln einweichen. (Einweichflüssigkeit aufbewahren.) 2. Einweichflüssigkeit abseihen; dann mit Brühe, Sherry und Salz vermengen. Radieschen putzen und schälen.

b) Erhitze Öl. Jakobsmuscheln und Radieschen hinzufügen; 2 Minuten braten.

c) Einweichflüssigkeit-Brühe-Mischung zugeben und schnell erhitzen. Dann zugedeckt köcheln lassen, bis die Jakobsmuscheln weich sind (ca. 15 Minuten).

d) In der Zwischenzeit Maisstärke und restliches kaltes Wasser zu einer Paste pürieren. Dann zum Andicken einrühren und servieren.

51. Geschmorte Jakobsmuscheln mit Grapefruit

Ausbeute: 4 Portionen

Zutat

- 2 Rosa Grapefruit
- 1 Pfund Jakobsmuscheln
- ½ Tasse Mehl, gewürzt mit Salz und Pfeffer
- 2 Esslöffel Walnuss- oder Olivenöl
- ½ Tasse Walnüsse, fein gehackt
- 2 Esslöffel gehackter Schnittlauch oder Frühlingszwiebeln zum Garnieren

Richtungen:

a) Eine der Grapefruits schälen, entkernen und zerteilen. Den Saft der zweiten Grapefruit auspressen.

b) Die Jakobsmuscheln leicht mit gewürztem Mehl bedecken und abklopfen, um den Überschuss zu entfernen. Öl in einer mittelgroßen beschichteten Pfanne erhitzen.

c) Wenn das Öl sehr heiß ist, fügen Sie die Jakobsmuscheln hinzu und braten Sie sie bei mittlerer Hitze, bis sie braun sind, etwa 1 Minute pro Seite. Die Jakobsmuscheln in eine Pfanne geben und beiseite stellen.

d) Den Grapefruitsaft in die Pfanne geben und zum Kochen bringen. Die Walnüsse einrühren, dann die Jakobsmuscheln und Grapefruitstücke in die Pfanne geben und leicht köcheln lassen, bis die Jakobsmuscheln nach Geschmack gekocht sind, 2-3 Minuten.

e) Auf einzelnen Tellern anrichten, mit Schnittlauch bestreuen und servieren.

52. Panierte gebackene Jakobsmuscheln

Ausbeute: 6 Portionen

Zutat

- 1 Pfund Jakobsmuscheln
- 4 EL Semmelbrösel, fein
- 4 Esslöffel Butter, geschmolzen
- 1 Teelöffel Worcestershire-Sauce
- 3 Teelöffel Zitronensaft
- Milch
- Salz
- Pfeffer

Richtungen

a) Jakobsmuscheln waschen und trocken tupfen. Jakobsmuscheln in Milch dippen und in den Semmelbröseln wälzen. In eine flache Auflaufform legen. Worcestersauce und Zitronensaft zur geschmolzenen Butter geben und über die Jakobsmuscheln gießen. Salz und Pfeffer nach Geschmack.

b) Backen Sie bei 450 F im Ofen für 12 Minuten.

53. Gebutterte Jakobsmuscheln

Ausbeute: 4 Portionen

Zutat

- 8 Jakobsmuscheln
- ¼ Tasse Mehl
- 3 Esslöffel Butter
- ⅓ ein Teelöffel salz
- ¼ Teelöffel Pfeffer
- ¼ Tasse Petersilie
- ½ Zitrone
- ½ Sellerie
- 3 Esslöffel Paprikapaste
- 2 Esslöffel Essig
- 1 Esslöffel Zucker
- ¼ Teelöffel gehackter Knoblauch
- ½ Teelöffel Gehackte Frühlingszwiebel
- ¼ Teelöffel Pinienkernpulver

Richtungen

a) Wählen Sie frische Jakobsmuscheln aus, entfernen Sie zähe Membranen und machen Sie leichte Kerben um die Ecken, um das Schrumpfen zu verringern.

b) Jakobsmuscheln mit Salz und Pfeffer bestreuen. 5 Minuten einplanen.

c) Beide Seiten der Jakobsmuscheln mit Mehl bestreichen.

d) Butter in der Pfanne schmelzen und die Jakobsmuscheln goldbraun anbraten.

e) Zitrone in dünne Ringe schneiden und Stangensellerie hacken.

f) In Butter gebratene Jakobsmuscheln mit Zitrone, Petersilie und Sellerie garnieren.

g) Mit Essig-Paprika-Paste servieren.

54. Karamellisierte Jakobsmuscheln

Ausbeute: 4 Portionen

Zutat

- 2 Esslöffel Olivenöl; geteilt
- 1 Tasse frische Maiskörner
- ⅓ Tasse fein gehackte Zwiebeln
- 1 Teelöffel gehackter Knoblauch
- ¼ Tasse klein gewürfelte rote Paprika
- 1 Kopffrisee
- 2 Esslöffel gehackte Petersilie
- ¼ Tasse Wasser
- 12 Tauchermuscheln; aus der Schale entfernt
- 1 (verwenden Sie sehr große Jakobsmuscheln, wenn Taucher; are
- 1 nicht verfügbar)
- 1 Salz; schmecken
- 1 frisch gemahlener schwarzer Pfeffer; schmecken
- 1 Tasse Zucker; (in einer Kuchenform)

- 1 Tasse pürierte Trüffel-Maiscreme; heiß
- 1 (kochen Sie 1 Tasse frischen Mais mit
- 1 Sahne; salzen und pfeffern, pürieren u
- 1 mit Trüffelöl)
- 1 schwarzer Trüffel; rasiert
- 3 Schnittlauch; lang
- 2 Esslöffel gehackter Schnittlauch
- 1 Emerils Essenz

Richtungen

a) In einer Bratpfanne das Olivenöl erhitzen. Wenn das Öl heiß ist, Mais, Zwiebeln, Knoblauch und Paprika 3 Minuten anbraten. Mit Salz und Pfeffer würzen. Frisee, Petersilie und Wasser hinzugeben. Den Frisee etwa 2 Minuten kochen, damit er zusammenfällt. Von der Hitze nehmen. Jakobsmuscheln mit Salz und Pfeffer würzen.

b) Die Jakobsmuscheln im Zucker wenden. In einer Bratpfanne den restlichen 1 Esslöffel Olivenöl erhitzen. Wenn die Pfanne heiß ist, die Jakobsmuscheln 2 bis 3 Minuten auf jeder Seite karamellisieren. Von der Hitze nehmen.

c) Die Soße auf den Boden des Tellers geben. Den Salat in die Mitte der Sauce häufen. Jakobsmuscheln rund um den Salat anrichten.

d) Mit geraspeltem Trüffel, langem Schnittlauch, gehacktem Schnittlauch und Emeril's Essence garnieren.

55. Sellerie-Wurzel-Remoulade & Jakobsmuscheln

Ausbeute: 1 Portionen

Zutat

- ½ Tasse Mayonnaise
- ½ Tasse Fein gehackte rote Paprika
- ½ Tasse Fein gehackte gelbe Paprika
- 1 Esslöffel fein gehackte, abgetropfte Kapern
- 1 Esslöffel Dijon-Senf
- 1 Esslöffel plus 1 Teelöffel fein gehackte frische, oder nach Geschmack Estragonblätter
- 2 Teelöffel fein gehackter frischer Schnittlauch
- 1½ Teelöffel frischer Zitronensaft; oder nach Geschmack
- 1¼ Pfund Selleriewurzel
- 1 Pfund kleine Jakobsmuscheln (ca. 30)
- 1 Esslöffel Olivenöl
- Gehackter frischer Schnittlauch
- Estragonblätter

Richtungen

a) Soße zubereiten: In einer Schüssel die Zutaten für die Soße verrühren und mit Salz und Pfeffer abschmecken.

b) Die Sauce kann 2 Tage im Voraus zubereitet und gekühlt und abgedeckt werden.

c) Selleriewurzel mit einem scharfen Messer schälen und in dünne Streichholzstifte schneiden. Selleriewurzel mit Salz und Pfeffer nach Geschmack in die Sauce geben und schwenken.

d) Entfernen Sie bei Bedarf harte Muskeln von der Seite jeder Jakobsmuschel und tupfen Sie die Jakobsmuscheln trocken. Jakobsmuscheln mit Salz und Pfeffer würzen.

e) In einer großen Antihaft-Pfanne Öl bei mäßig hoher Hitze erhitzen, bis es heiß ist, aber nicht raucht, und die Jakobsmuscheln portionsweise anbraten, ohne sich zu drängen, sie einmal wenden, bis sie goldbraun und gerade durchgegart sind, etwa 2 Minuten auf jeder Seite. Übertragen Sie die Jakobsmuscheln, wie sie mit einer Zange sautiert wurden, auf einen Teller.

f) Sellerie-Remoulade in die Mitte jedes der 6 Teller häufen und Jakobsmuscheln darum anrichten. Sellerie-Remoulade und Jakobsmuscheln mit Schnittlauch und Estragon garnieren.

56. Chinesische Garnelen und Jakobsmuscheln in Knoblauchsauce

Ausbeute: 4 Portionen

Zutat

- ¾ Pfund Jakobsmuscheln
- ¾ Pfund Mittelgroße Garnelen; geschält und entdarmt
- ½ Pfund Kaiserschoten
- ⅜ Pfund Brokkoliröschen
- 5 Knoblauchzehen; geschnitten
- ½ Teelöffel Hühnerbrühe
- 1 Esslöffel Stärke in einer dünnen Paste in kaltem Wasser
- Öl
- Sojasauce

Richtungen

a) Braten Sie den Knoblauch im Öl an, bis er gerade Anzeichen von Bräunung zeigt. Fügen Sie die Jakobsmuscheln und die Garnelen hinzu. Bei möglichst hoher Hitze garen, bis die Jakobsmuscheln weiß und die Garnelen rosa werden, dabei ständig wenden (ca. 5 Minuten). Fügen Sie das Gemüse hinzu.

b) Eine Minute erhitzen, dann mit Sojasauce beträufeln. Fügen Sie etwa $\frac{1}{4}$ Tasse der Bouillon hinzu, dann binden Sie den Saft auf dem Boden des Woks mit der Stärkepaste. Einige Minuten weiter schnell schwenken, bis alles heiß und mit der Soße bedeckt ist. Sofort servieren.

57. Jakobsmuscheln mit Chorizo-Kruste

Ausbeute: 4 Portionen

Zutat

- 8 Unzen fein gehackte Chorizo-Wurst
- ½ Tasse Semmelbrösel; zu 1 Tasse
- 16 große Jakobsmuscheln
- 1 Emerils Essenz
- ½ Tasse Mehl
- 1 Ei; leicht geschlagen mit
- 1 etwas Milch
- 1 Olivenöl; zum Braten

Richtungen

a) In einer heißen Bratpfanne die Chorizo 2 bis 3 Minuten braten. Von der Hitze nehmen. In einer Küchenmaschine die Chorizo mit den Semmelbröseln pulsieren, bis sich die Mischung verbindet. Mit Essenz würzen.

b) Jakobsmuscheln mit Essence würzen. Die Jakobsmuscheln im Mehl wenden. Tauchen Sie die Jakobsmuscheln in die Eierwäsche und entfernen Sie überschüssiges Ei. Die Jakobsmuscheln in der Chorizo-Kruste wenden. In einer Bratpfanne das Olivenöl erhitzen.

c) Wenn das Öl heiß ist, braten Sie die Jakobsmuscheln 2 bis 3 Minuten auf jeder Seite oder bis sie goldbraun sind. Auf einem mit Papier ausgelegten Teller abtropfen lassen. Mit Essenz würzen.

58. Gebackene Jakobsmuscheln in Sahne-Käse-Sauce

Ausbeute: 6 Portionen

Zutat

- ½ Tasse Weißwein, trocken
- 2 Teelöffel Schalotten
- 2 Pfund Jakobsmuscheln; in Hälften schneiden
- 2 Esslöffel Semmelbrösel; frisch
- 1½ Tasse helle Sahne
- 6 Esslöffel Butter
- 6 Esslöffel Mehl
- 1 Esslöffel gelbe Chilipaste (optional
- ¼ Teelöffel Paprika
- ¼ Teelöffel gemahlene Muskatnuss
- ¼ Teelöffel Cayennepfeffer
- 1½ Teelöffel Salz
- ¼ Teelöffel weißer Pfeffer; Boden
- ½ Tasse Münsterkäse; frisch gerieben
- 2 Esslöffel Münsterkäse; frisch gerieben

- 2 Ei; hart gegart, geviertelt
- 3 Tassen heißer gekochter Reis; hergestellt aus
- 1 Tasse roher Langkornreis

Richtungen

a) In einem großen Topf oder einer Pfanne den Wein und die Schalotten oder Zwiebeln mischen und bei starker Hitze zum Kochen bringen. Dann die Hitze auf niedrig reduzieren und 3 Minuten köcheln lassen.

b) Die Jakobsmuscheln hinzufügen, zudecken und bei schwacher Hitze etwa 5 Minuten kochen, oder bis die Jakobsmuscheln fest und undurchsichtig werden.

c) Jakobsmuscheln abtropfen lassen und $\frac{1}{2}$ Tasse der Kochflüssigkeit aufheben. Jakobsmuscheln und Flüssigkeit beiseite stellen.

d) Den Ofen auf 350 Grad F vorheizen. In einer kleinen Tasse oder Schüssel die Semmelbrösel in 2 Esslöffeln der Sahne einweichen. Schmelzen Sie die Butter bei mäßiger Hitze in einem 2- bis 3-Liter-Topf.

e) Wenn der Schaum nachlässt, reduzieren Sie die Hitze auf ein Minimum und rühren Sie das Mehl unter ständigem Rühren für ein oder zwei Minuten ein. Dann langsam die $\frac{1}{2}$ Tasse aufgefangene Kochflüssigkeit und die restliche Sahne einrühren. Bei starker Hitze unter ständigem Rühren mit einem Schneebesen kochen, bis die Sauce eindickt und kocht.

f) Die eingeweichten Semmelbrösel, Chilipaste, Paprika, Muskatnuss, Cayennepfeffer, Salz und weißen Pfeffer hinzufügen und umrühren, bis alle Zutaten gut vermischt sind. Rühren Sie $\frac{1}{2}$ Tasse des geriebenen Käses ein und kochen Sie ihn ein oder zwei Minuten lang, fügen Sie dann die Jakobsmuscheln hinzu und lassen Sie die Flüssigkeit weg, die sie möglicherweise abgegeben haben.

g) Buttern Sie den Boden und die Seiten einer 2-Liter-Auflaufform oder einer Auflaufform leicht mit Butter und arrangieren Sie die hart gekochten Eiviertel auf dem Boden. Geben Sie die Jakobsmuschelmischung hinein und glätten Sie die Oberfläche mit einem Gummispatel.

h) Die Oberseite mit den restlichen 2 Esslöffeln geriebenem Käse bestreuen.

i) In der Mitte des Ofens 20 Minuten backen oder bis die Mischung Blasen wirft und oben leicht braun wird. Sofort aus der Auflaufform servieren, zusammen mit dem heißen gekochten Reis.

59. Jakobsmuscheln mit Zimt- und Chilikruste und Mango

Ausbeute: 8 Portionen

Zutat

- 1 Tasse Mango, schälen, entkernen und würfeln
- 2 Poblano-Paprikaschoten, gewürfelt
- 1 rote Zwiebel, gewürfelt
- 1 Esslöffel Honig
- 1 Esslöffel fettfreies Caesar-Salat-Dressing oder Olivenöl
- 1 Bund gehackter frischer Koriander nach Geschmack
- 1 rote Paprika, gewürfelt
- Salz und Pfeffer nach Geschmack
- 2 Esslöffel Paprika, Spanisch oder rot
- 2 Esslöffel Zucker
- 2 Esslöffel Cayennepfeffer
- 3 Esslöffel Koriandersamen, zerkleinert
- 2 Esslöffel Salz oder weniger
- 2 Esslöffel Zimt

- 2 Teelöffel Öl, zum Anbraten
- 40 Ganze Jakobsmuscheln, Jumbo
- Grüns, belaubt
- 4 Tassen Heißer gekochter Reis, garniert mit
- Frisch gehackter Koriander
- Orangenschale
- ¼ Tasse geriebene Karotten, frisch
- 4 Esslöffel Sonnenblumenkerne, mit Honig überzogen
- 2 Pfund grüne Bohnen, gedämpft

Richtungen

a) In einer mittelgroßen Schüssel alle Zutaten für die Mango-Salsa gut vermischen. Beiseite legen.

b) In einer separaten Schüssel die Zutaten für die Zimt-Chili-Kruste mischen.

c) Die Jakobsmuscheln mit der Zimt-Chili-Mischung bestäuben, bis sie vollständig bedeckt sind. Etwa 10 Minuten stehen lassen. In einer 12-Zoll-Pfanne das Olivenöl erhitzen und die Jakobsmuscheln portionsweise 2 bis 3 Minuten auf jeder Seite oder bis zur gewünschten Zartheit anbraten.

d) Legen Sie das Gemüse (Spinat, Senfgrün oder Friseesalat usw.) auf Servierteller und garnieren Sie es mit einer Portion Jakobsmuscheln. Fügen Sie neben jeder Jakobsmuschel einen Klecks Mangosalsa hinzu.

60. Jakobsmuscheln aus Zitrus- und Meerrettich-Zedernholz

Ausbeute: 4 Portionen

Zutat

- 1 Pfund Meerrettich; gerieben
- 1 Saft einer Zitrone
- 1 Saft einer Orange
- 1 Schale einer Zitrone; blanchiert
- 1 Schale einer Orange; blanchiert
- 2 Esslöffel gehackter Koriander
- 1 Zucker; schmecken
- 1 koscheres Salz; schmecken
- 12 große Jakobsmuscheln
- 1 Zedernbrett
- 2 Esslöffel Olivenöl
- 4 Tassen frischer Spinat; entkernt, gereinigt
- 2 Esslöffel gehackte Schalotten
- 1 Esslöffel gehackter Knoblauch
- 1 Salz; schmecken

- 1 frisch gemahlener weißer Pfeffer; schmecken

- 1 Tasse Zitronenbuttersauce; warm

- 1 Schnittlauch; lang gelassen

- 1 Esslöffel gehackter Schnittlauch

Richtungen

a) Backofen auf 400 Grad vorheizen. In einer kleinen Rührschüssel Meerrettich, Zitronensaft und -schale, Orangensaft und -schale und Koriander vermischen. Mit Zucker und Salz würzen. Beide Seiten der Jakobsmuscheln würzen und ölen. Das Zedernholz leicht einölen. Legen Sie die Jakobsmuscheln auf das Brett und verteilen Sie eine gleichmäßige Schicht der Kruste auf den Jakobsmuscheln.

b) In den Ofen stellen und 6 bis 8 Minuten backen oder bis die Kruste goldbraun ist. In einer großen Bratpfanne das Olivenöl erhitzen. Den Spinat dazugeben und 3 bis 4 Minuten zusammenfallen lassen. Schalotten und Knoblauch unterrühren. Mit Salz und weißem Pfeffer würzen. Jakobsmuscheln aus dem Ofen nehmen.

c) Den Spinat in der Mitte des Tellers anhäufen. Jakobsmuscheln um den Spinat herum anrichten. Die Soße auf dem Teller verteilen.

d) Mit langem Schnittlauch und gehacktem Schnittlauch garnieren.

61. Zitrusgegrillte Jumbo-Jakobsmuscheln

Ausbeute: 4 Portionen

Zutat

- Geschmolzene Butter
- Frische Petersilie
- 12 Jumbo-Jakobsmuscheln, halbiert
- 1 Tasse Wasser
- ¼ Zitrone, entsaftet
- 1 Tasse Chardonnay
- 1 Esslöffel Butter
- 2 Teelöffel Honig
- Prise Salz
- ½ Knoblauchzehe
- Maisstärke, in Wasser gelöst

Richtungen

a) Kombinieren Sie in einem kleinen Topf Wasser, Wein, Saft, Butter, Honig mit Paprika und Knoblauch.

b) Bei mittlerer Hitze platzieren; unter häufigem Rühren auf fast die Hälfte reduzieren. Fügen Sie Maisstärkelösung hinzu, um nach Geschmack dick zu werden.

c) Vom Herd nehmen; warm halten.

d) Jakobsmuscheln über heißen Kohlen grillen und häufig mit geschmolzener Butter bestreichen. Nach Geschmack kochen. Jakobsmuscheln vom Grill nehmen. 6 Jakobsmuschelhälften auf jeden Teller legen.

e) Zitrussauce über die Jakobsmuscheln gießen und mit Petersilie garnieren.

62. Jakobsmuscheln mit Macadamia-Mayonnaise

Ausbeute: 12 Portionen

Zutat

- 12 Coffin Bay Jakobsmuscheln, auf der Schale
- 1 Tasse Korianderblätter
- 1 Esslöffel helle Sojasauce
- 1 Teelöffel Honig
- 1 Knoblauchzehe, geschält u
- 1 Eigelb
- 1 Teelöffel französischer Senf
- 1 Esslöffel Himbeeressig gehackt
- 1 kleines Stück Ingwer, geschält und gehackt
- Salz und frisch gemahlener Pfeffer
- ½ Tasse Olivenöl
- ½ Tasse Macadamianussöl
- ½ Tasse Gehackter frischer Schnittlauch

Richtungen

a) So bereiten Sie die Jakobsmuscheln zu: Schneiden Sie die Jakobsmuscheln aus der Schale und legen Sie sie in eine nicht ätzende Schüssel. Schrubben Sie die Muscheln und reservieren Sie sie zum Servieren.

b) Die restlichen Zutaten in einer Küchenmaschine verarbeiten, bis eine feine Paste entsteht. Die Jakobsmuscheln zum Überziehen in die Mischung geben. abdecken und 1-2 Stunden kühl stellen.

c) Zubereitung der Mayonnaise: Eigelb, Senf und Himbeeressig in eine Küchenmaschine geben und gut vermischen. Mischen Sie die 2 Öle und geben Sie das Öl bei laufendem Motor nach und nach in einem dünnen Strahl hinzu und verarbeiten Sie es, bis es gut vermischt ist.

d) Die 2 Öle mischen und bei laufendem Motor das Öl nach und nach in einem dünnen Strahl zugeben und verarbeiten, bis die Mayonnaise dickflüssig ist. Den Schnittlauch unterrühren, abdecken und bis zur Verwendung kühl stellen.

e) Zum Garen der Jakobsmuscheln: Die Jakobsmuscheln ca. 1 Stunde vor dem Servieren in der Pfanne braten oder grillen, bis sie leicht durchgegart sind, und zum Abkühlen beiseite stellen. Überkochen Sie die Jakobsmuscheln nicht, da sie sonst zäh und gummiartig werden.

f) Zum Servieren: Jakobsmuscheln wieder in ihre Schalen geben. Die Macadamia-Mayonnaise kann an der Seite serviert werden, oder Sie können einen kleinen Löffel auf jede Jakobsmuschel geben und sofort servieren.

63. Cognac-Jakobsmuscheln mit Limettenreis

Ausbeute: 4 Portionen

Zutat

- 4 Tassen gekochter Reis; kann mehr verwenden
- Abgeriebene Schale von 1 Limette
- $\frac{1}{4}$ Tasse frischer Limettensaft; geteilt
- 2 Esslöffel Olivenöl; geteilt
- 1 rote Paprika; 1 in. Streifen
- 6 Frühlingszwiebeln
- 1 Esslöffel trockener Weißwein
- 1 Pfund Jakobsmuscheln
- 2 Esslöffel Cognac
- 2 Teelöffel frischer Estragon; gehackt
- Salz und Pfeffer; schmecken

Richtungen

a) Limettenreis zubereiten: Reis in einem großen Reisdampfer oder Wasserbad über heißem Wasser erhitzen. Limettenschale und 2 EL Limettensaft zugeben; Aufsehen; warm halten, während Jakobsmuscheln zubereitet werden. Jakobsmuscheln kochen: In großer Pfanne 1 EL Öl bei mittlerer Hitze erhitzen; Braten Sie Paprika und Frühlingszwiebeln etwa 5 Minuten lang an und rühren Sie gelegentlich um.

b) Wein hinzufügen; kochen Sie 3 weitere Minuten; in eine kleine Schüssel entfernen. Restlichen Esslöffel Öl in derselben Pfanne bei mittlerer Hitze erhitzen; Jakobsmuscheln, Cognac, 2 EL Limettensaft und Estragon hinzugeben. Etwa 2 Minuten kochen, Pfanne schütteln.

c) Paprika-Grünzwiebel-Mischung hinzufügen; 1 weitere Minute kochen. Salz und Pfeffer nach Geschmack. Sofort mit Reis servieren.

64. Konfetti Jakobsmuscheln und Nudeln

Ausbeute: 8 Portionen

Zutat

- ½ Pfund Eiernudeln; ungekocht
- 1 Tasse Wasser
- 2 Teelöffel Instant-Bouillon
- ½ Tasse trockener Weißwein
- 2 Esslöffel Zitronensaft
- 2 Knoblauchzehen; gehackt
- 1 Teelöffel Dillkraut
- ½ Teelöffel Zitronen-Kräuter-Gewürz
- 1 Pfund Jakobsmuscheln
- 2 Tassen zerkleinerter Kohl
- 1 Tasse geschnittene Karotten
- ½ Tasse geschnittene Frühlingszwiebeln
- 3 Tassen zerrissene frische Spinatblätter

Richtungen

a) Eiernudeln nach Packungsanweisung zubereiten; Abfluss. In einer großen Pfanne mit Antihaftbeschichtung Wasser und Bouillon zum Kochen bringen.

b) Hitze reduzieren; restliche Zutaten außer Spinat und Nudeln hinzugeben. Abdeckung; 10 Minuten köcheln lassen. Spinat hinzufügen; 5 Minuten länger kochen und rühren. Mit heißen gekochten Nudeln anrichten.

c) Sofort servieren. Reste kühl stellen.

65. Flusskrebs-Jakobsmuschel-Etouffe

Ausbeute: 4 Portionen

Zutat

- ½ Tasse Mehl
- ¼ Tasse Pflanzenöl
- 1 Tasse Gehackte gelbe Zwiebeln
- ½ Tasse Gehackter Sellerie
- ½ Tasse Grüner Pfeffer
- ½ Tasse gehackte Frühlingszwiebeln
- 4 Esslöffel Gehackter Knoblauch
- ½ Stick Butter
- 1 Pfund Gereinigte Flusskrebsschwänze
- ½ Pfund Jakobsmuscheln
- 2 Tassen Krebsbrühe
- 8 Spritzer Tabasco oder nach Geschmack
- 1 Teelöffel Cajun Magic Gewürz; oder nach Geschmack

Richtungen

a) Für eine Mehlschwitze Mehl und Öl bei mittlerer Hitze kochen, bis die Mehl-Öl-Mischung mittelbraun ist. Nehmen Sie die Hitze ab und fügen Sie ½ Tasse des gehackten Gemüses hinzu und rühren Sie, bis es abkühlt.

b) Den Knoblauch und das gehackte Gemüse 2 Minuten in der Butter anschwitzen. Fügen Sie die Meeresfrüchte hinzu und kochen Sie sie langsam für 20 bis 30 Minuten. Den Flusskrebsfond dazugeben und zum Kochen bringen. Fügen Sie die Mehlschwitze hinzu, bis sie die gewünschte Konsistenz hat. Mit Tabasco und Cajun Magic abschmecken.

66. Kreolische Jakobsmuscheln

Ausbeute: 100 Portionen

Zutat

- 2 Tassen Wasser
- 25 Pfund Jakobsmuscheln
- 3 Pfund Sellerie frisch
- 28¾ Pfund Tomaten können
- 3 Pfund Zwiebeln trocken
- 3 Pfund Pfeffer
- 2 Tassen Mehl gen Zweck
- ½ Tasse) Zucker; granuliert
- 1 Tasse Verkürzung
- 2 Esslöffel Pfeffer
- 4 Esslöffel Worcestersauce
- 10 Teelöffel Salz

Richtungen

a) Jakobsmuscheln gründlich waschen; große halbieren. gut abtropfen lassen.

b) Jakobsmuscheln in 2 Pfannen verteilen; etwa 300 Jakobsmuscheln in jeder Pfanne. Gießen Sie 2 Gallonen kreolische Sauce über die Jakobsmuscheln in jeder Pfanne.

c) 30 Minuten backen oder bis sie gründlich erhitzt sind.

67. Knusprige Jakobsmuscheln mit Meerrettichsauce

Ausbeute: 2 Portionen

Zutat

- ½ Tasse Mayonnaise
- 2 Esslöffel Meerrettich in Flaschen
- 1½ Teelöffel frischer Limettensaft
- ½ Teelöffel Limettenschale – frisch gerieben
- ⅛ Teelöffel Schwarzer Pfeffer
- 6 5 x 2 1/2 "Graham Cracker
- 1 Teelöffel grobes Salz
- 1 Pfund Jakobsmuscheln – etwa 24
- Pflanzenöl
- 1 großes Ei – leicht geschlagen

Richtungen

a) In einer Schüssel Mayonnaise, Meerrettich, Limettensaft, Schale und Pfeffer verquirlen. Abdecken und kalt stellen.

b) Graham Cracker in eine wiederverschließbare Plastiktüte geben und mit einem Nudelholz leicht zerdrücken, bis die Krümel grob sind. In einer Schüssel Brösel und Salz verrühren. Entsorgen Sie kleine, zähe Muskeln von der Seite jeder Jakobsmuschel und halbieren Sie alle großen Jakobsmuscheln. Jakobsmuscheln trocken tupfen.

c) Erhitzen Sie in einem 4-Liter-Topf oder einem schweren Kessel $1\frac{1}{2}$ Zoll Öl auf einem tiefen Fettthermometer auf 365 Grad. Die Jakobsmuscheln in Portionen von 6 Stück in Ei tauchen, um es zu bestreichen, überschüssiges Ei abtropfen lassen und in der Krümelmischung wälzen.

d) Jakobsmuscheln unter vorsichtigem Rühren 2 Minuten braten, oder bis sie gebräunt und durchgegart sind. Übertragen Sie die Jakobsmuscheln, wie sie mit einer Schaumkelle gekocht wurden, zum Abtropfen auf Küchenpapier und würzen Sie sie mit Salz und Pfeffer.

e) Jakobsmuscheln auf einer Platte mit Sauce servieren.

68. Paprika Jakobsmuscheln

Ausbeute: 4 Portionen

Zutat

- ¾ Tasse gewürzte Semmelbrösel
- 1 Esslöffel Paprika
- ¼ Tasse Mehl
- 1¾ Pfund Jakobsmuscheln
- 4 Esslöffel Butter
- ½ Tasse Frühlingszwiebel – gehackt
- 2 Esslöffel Petersilie – gehackt

Richtungen

a) Semmelbrösel, Paprikapulver und Mehl in einer Rührschüssel mischen. Fügen Sie die Jakobsmuscheln hinzu und schwenken Sie sie gründlich durch.

b) Die Butter bei mittlerer Hitze in einer großen Bratpfanne schmelzen. Wenn Sie keine Pfanne haben, die groß genug ist, um Jakobsmuscheln in einer Schicht aufzunehmen, kochen Sie sie in 2 Chargen.

c) Jakobsmuscheln zugeben und 5 Minuten unter leichtem Rühren garen.

d) Lassen Sie sie schön bräunen und fügen Sie dann die Frühlingszwiebeln und die Petersilie hinzu. 3 Minuten garen und auf heißen Tellern servieren, mit Zitronenscheiben garnieren.

69.   Frittierte Jakobsmuscheln

Ausbeute: 1 Portionen

Zutat

- 2 Packungen (jeweils 10 oz) Jakobsmuscheln
- $\frac{1}{8}$ Teelöffel Thymianpulver
- $\frac{3}{4}$ Teelöffel Salz
- $\frac{1}{4}$ Teelöffel Pfeffer
- $\frac{3}{4}$ Tasse Mehl
- 2 Eier
- 4 Esslöffel Wasser
- 1 Tasse feine Semmelbrösel
- Maisöl
- Zitronenscheiben (optional)
- Catsup (optional)
- Remoulade (optional)

Richtungen

a) Thymian, Salz & Pfeffer mit Mehl mischen. Eier schaumig schlagen; Wasser hinzufügen. Jakobsmuscheln in gewürztem Mehl wälzen, in die Eimischung tunken und dann gut mit Semmelbröseln panieren.

b) Öl in einer tiefen Pfanne 3 Zoll tief erhitzen, bis ein 1 Zoll großer Brotwürfel in 60 Sekunden braun wird.

c) Jakobsmuscheln von allen Seiten goldbraun braten, ca. 3 Minuten. Auf Küchenpapier gut abtropfen lassen.

d) Mit Zitronenscheiben, Catsup oder Remoulade servieren.

70. Deviled Crab und Jakobsmuscheln

Ausbeute: 8 Portionen

Zutat

- ¼ Tasse Liquid Butter Buds oder fettfreie Hühnerbrühe
- ¼ Tasse fein gehackte Zwiebel
- 3 Esslöffel Mehl
- ½ Teelöffel Lite-Salz, optional
- 1 Teelöffel A1-Sauce
- ½ Teelöffel Worcestershire-Sauce
- Spritzer Tabasco
- 1 Tasse eingedampfte Magermilch
- ½ Tasse Magermilch
- ½ Tasse Sherry oder kochender Sherry
- 1 Pfund Jakobsmuscheln, geviertelt
- 2 Dosen (7 1/2oz) Königskrabbenfleisch, abgetropft
- 2 Esslöffel flüssige Butterknospen
- ½ Tasse zerkleinerte Weizencracker

Richtungen

a) Backofen auf 375F vorheizen. Zwiebel in Butter Buds goldbraun dünsten. Vom Herd nehmen. Mehl, leichtes Salz, A1, Worcestershire, Tabasco, evaporierte Magermilch und Magermilch einrühren.

b) Unter Rühren zum Kochen bringen. Hitze reduzieren und 1 Minute köcheln lassen. Vom Herd nehmen. Sherry und Jakobsmuscheln unterrühren. Krabbenfleisch abtropfen lassen; Knorpel entfernen.

c) Krabbenfleisch in große Stücke brechen. Fügen Sie Jakobsmuschel-Mischung hinzu, verwandeln Sie sich in eine flache, $1\frac{1}{2}$-qt. Auflaufform, die mit einem Antihaftspray besprüht wurde. Kombinieren Sie Butter Buds und zerkleinerte Cracker und streuen Sie darüber.

d) Backen Sie 25-30 Minuten oder bis die Mischung sprudelnd und durchgewärmt ist.

71. Eierpudding mit getrockneten Jakobsmuscheln

Ausbeute: 8 Portionen

Zutat

- 12 Getrocknete Jakobsmuscheln
- 4 Tassen Wasser
- ½ Pfund mageres Schweinefleisch
- 1 Frühlingszwiebelstiel
- 3 Eier
- ½ Teelöffel Salz

Richtungen

a) Getrocknete Jakobsmuscheln und Wasser in einen Topf geben. Zum Kochen bringen; dann zugedeckt 2 Stunden köcheln lassen.

b) Schweinefleisch dünn schneiden; Schalotte hacken. Eier schlagen. In die Pfanne geben und gut umrühren.

c) Zugedeckt köcheln lassen (ca. 30 Minuten länger). Mit Salz abschmecken und servieren.

72. Jakobsmuscheln oder Austern

Ausbeute: 3 Portionen

Zutat

- 1 Esslöffel Butter oder Margarine
- 1 Tasse grob zerbröckelte Saltines
- 2 Unzen Geschredderter fettarmer Käse
- 1 Dose geschnittene, abgetropfte Champignons
- 3 Esslöffel Gehackte frische Petersilie
- Reiben von schwarzem Pfeffer
- 1 Pfund frische Jakobsmuscheln
- Geviertelte Jakobsmuscheln oder--
- 1 Pint frische Austern (gepflückt)
- 2 Esslöffel trockener Sherry
- 2 Esslöffel Frisch gepresster Zitronensaft
- $\frac{1}{2}$ Tasse eingedampfte Magermilch

Richtungen

a) Heizen Sie den Ofen auf 375 Grad vor. Fetten Sie eine runde, tiefe, 1½ qt. mit Butter oder Margarine übergießen.

b) In einer großen Schüssel vorsichtig schwenken ⅔ Tasse der zerbröckelten Saltines mit Käse, Pilzen, Petersilie und Pfeffer. Fügen Sie die Jakobsmuscheln oder gepflückten Austern zusammen mit dem Sherry und dem Zitronensaft hinzu und schwenken Sie sie erneut vorsichtig durch.

c) Die Masse in die gefettete Auflaufform gießen. Mit dem Rest toppen ⅓ Tasse der Cracker. die Milch über alles gießen.

d) Zugedeckt 15 Minuten backen. Aufdecken und weitere 25 bis 30 Minuten backen oder bis die Meeresfrüchte in der Mitte gar sind.

73. Fünf-Gewürz-Jakobsmuscheln mit verwelkten Babyblättern

Ausbeute: 1 Portionen

Zutat

- 125 Gramm China Bay Jakobsmuscheln; (4 Unzen)
- 1 Teelöffel Fünf-Gewürze-Pulver
- ½ Teelöffel Salz
- 1½ Esslöffel Erdnussöl
- 2 Knoblauchzehen; grob gehackt
- 2 Esslöffel frische Ingwerwurzel; geschält
- 1½ Esslöffel chinesischer Reiswein oder trockener Sherry
- 2 Teelöffel helle Sojasauce
- 2 Teelöffel Sesamöl
- 125 Gramm Baby-Leaf-Auswahl

Richtungen

a) Die Jakobsmuscheln mit den fünf Gewürzen und Salz bestäuben.

b) Das Erdnussöl in einem Wok oder einer großen Bratpfanne erhitzen, die Jakobsmuscheln dazugeben und 2-3 Minuten garen. Herausnehmen und zur Seite legen.

c) Knoblauch, Ingwer, Reiswein, Sojasauce und Sesamöl hinzufügen. Die Jakobsmuscheln zusammen mit dem Baby Leaf wieder in die Pfanne geben und weitere 30 Sekunden bis 1 Minute garen, bis die Blätter welk sind. Sofort servieren.

74. Glasierte Jakobsmuscheln mit Chinakohl

Ausbeute: 1 Portionen

Zutat

- 1½ Teelöffel Sojasauce
- 1½ Esslöffel Weißweinessig
- ½ Teelöffel Zucker
- 2 Esslöffel Olivenöl
- 1 Esslöffel asiatisches Sesamöl
- 3 Tassen Chinakohl; dünn geschnitten
- 1 mittelgroße Karotte; geschreddert
- 1 Schalotte; dünn geschnitten
- ½ Pfund Jakobsmuscheln
- Frühlingszwiebelgrün; dünn geschnitten

Richtungen

a) In einer kleinen Schüssel Sojasauce, Essig, Zucker, 1½ Esslöffel Olivenöl, Sesamöl und Salz und Pfeffer nach Geschmack verquirlen.

b) In einer Schüssel Kohl, Karotten und Frühlingszwiebeln mit 2 Esslöffeln Sojasaucenmischung mischen.

c) Entfernen Sie bei Bedarf den harten Muskel von der Seite jeder Jakobsmuschel. Jakobsmuscheln mit Küchenpapier trocken tupfen und mit Salz und Pfeffer würzen.

d) In einer schweren Antihaft-Pfanne, die gerade groß genug ist, um die Jakobsmuscheln in einer Schicht zu halten, den restlichen $\frac{1}{2}$ Esslöffel Olivenöl bei mäßig hoher Hitze erhitzen, bis sie heiß sind, aber nicht rauchen, und die Jakobsmuscheln etwa 2 Minuten auf jeder Seite goldbraun und durchgegart anbraten.

e) Jakobsmuscheln in eine Schüssel geben. Die restliche Sojasaucenmischung in die Pfanne geben und kochen, bis sie zu einer Glasur reduziert ist. Glasur auf die Jakobsmuscheln geben und schwenken, um sie gut zu beschichten. Jakobsmuscheln warm halten.

f) Den Krautsalat in die Pfanne geben und bei mäßig hoher Hitze unter Rühren 1 bis 2 Minuten kochen, bis der Kohl zusammenfällt. Krautsalat mit Salz und Pfeffer würzen.

g) Krautsalat mit Jakobsmuscheln garnieren und mit Frühlingszwiebeln garnieren.

75. Jakobsmuschelspieße nach griechischer Art

Ausbeute: 1 Portionen

Zutaten

- 2 Esslöffel Olivenöl
- 2 große Knoblauchzehen; gedrückt
- 1½ Esslöffel Gehackter frischer Oregano
- 12 große Jakobsmuscheln
- 1 große Zitrone; längs halbiert,
- 8 Lorbeerblätter
- 4 Bambusspieße; in Wasser eingeweicht 30

Richtungen

a) 2 Esslöffel Olivenöl, gepresste Knoblauchzehen und Oregano in einer mittelgroßen Schüssel verquirlen. Mit Salz und Pfeffer würzen.

b) Jakobsmuscheln hinzufügen und schwenken, um sie mit der Ölmischung zu bestreichen.

c) Grill vorbereiten (mittlere Hitze) oder Grill vorheizen. Abwechselnd 3 Jakobsmuscheln, 3 Zitronenscheiben und 2 Lorbeerblätter auf jeden Spieß stecken. Spieße grillen oder grillen, bis die Jakobsmuscheln goldbraun und gerade durchgegart sind, etwa 4 Minuten pro Seite. Auf Teller verteilen und servieren.

SUPPEN & SALATE

76. Maissuppe mit gebratenen Curry-Jakobsmuscheln

Ausbeute: 1 Portionen

Zutat

- 1 Liter Wasser
- 8 Stück frischer gelber Mais aus Florida; gekocht
- 1 Esslöffel Olivenöl; plus 1 Esslöffel
- 1 Hummerkopf
- 1 Fenchelpulpe; gehackt
- 1 Karotte; gehackt
- 1 Lauch; gehackt
- Salz
- Pfeffer
- 6 Unzen Weißwein
- 1 Liter Sahne
- 8 Stück Jakobsmuscheln
- 3 Esslöffel Currypulver

Richtungen

a) Großes Fondue oder Topf mit Wasser füllen. Zum Kochen bringen und gelben Mais hinzufügen.

b) Etwa 20-25 Minuten kochen. Herausnehmen und ins Eisbad stellen. Für die Hummercreme einen großen Saucentopf nehmen und mit 1 Esslöffel Olivenöl erhitzen. Fügen Sie Hummer, gehacktes Fenchelmark, Karotten, Lauch, Salz und Pfeffer und 6 Unzen Weißwein hinzu. Etwa 10 Minuten köcheln lassen. Schlagsahne zugeben und reduzieren $2/3$.

c) Durch eine Porzellankappe abseihen. Nehmen Sie ein großes Rondo oder denselben Topf und fügen Sie Mais- und Hummercreme hinzu. Etwa 15 Minuten köcheln lassen und pürieren.

d) Für die Jakobsmuscheln: Bratpfanne nehmen und 1 Esslöffel Olivenöl hinzufügen und erhitzen.

e) Jakobsmuscheln nehmen und mit Currypulver bestäuben. In die Bratpfanne geben und goldbraun braten. Herausnehmen und auf Küchenpapier legen, um das Olivenöl von den Jakobsmuscheln abzuseihen.

f) Zum Servieren: Nehmen Sie eine Suppenschüssel, fügen Sie Jakobsmuscheln hinzu und gießen Sie Sahne in die Schüssel.

77. Jakobsmuschelsuppe

Ausbeute: 12 Portionen

Zutat

- 3 Esslöffel Butter
- 2 Unzen geräucherter Speck
- 1 große Zwiebel(n), fein gehackt
- 1 große Knoblauchzehe(n), gehackt
- ½ Teelöffel zerstoßener roter Pfeffer
- 6 Tassen Muschelbrühe in Flaschen
- 6 Tassen Hühnerbrühe
- 2 Lorbeerblätter
- 5 Petersilienzweige
- 3 Thymianzweige
- 8 schwarze Pfefferkörner
- 1½ Pfund Yukon Gold-Kartoffeln
- 2¼ Tasse Sahne
- 2 Esslöffel Maisstärke
- 2 große Lauch
- 1/8 Zoll dick

- 1½ Pfund Jakobsmuscheln
- Salz und Pfeffer
- ¼ Tasse Schnittlauch, fein gehackt

Richtungen

a) Die Butter in einem großen emaillierten Gusseisentopf schmelzen. Fügen Sie den Speck hinzu und kochen Sie ihn bei mäßig hoher Hitze unter Rühren, bis er leicht gebräunt ist, etwa 2 Minuten. Fügen Sie die Zwiebel hinzu und kochen Sie sie unter gelegentlichem Rühren, bis sie weich ist, etwa 7 Minuten. bis der Knoblauch duftet, ca. 2 Minuten

b) Die Muschelbrühe, die Hühnerbrühe und das Bouquet garni in den Auflauf geben und bei starker Hitze zum Kochen bringen. Die Hitze auf mäßig hoch reduzieren und 20 Minuten köcheln lassen

c) Die gewürfelten Kartoffeln in die Suppe geben und bei mittlerer Hitze kochen, bis sie gerade weich sind, etwa 10 Minuten. Das Bouquet Garni wegwerfen.

d) In einer mittelgroßen Schüssel ¼ Tasse der Sahne mit der Maisstärke glatt rühren. Die restlichen 2 Tassen Sahne einrühren, dann die Mischung in die Suppe schlagen. Die Suppe bei mittlerer Hitze zum Kochen bringen. Fügen Sie den Lauch hinzu und kochen Sie ihn etwa 4 Minuten lang, bis er gerade weich ist

e) Die Jakobsmuscheln in die Chowder rühren und bei mäßiger Hitze 2-3 Minuten kochen, bis sie durchgehend undurchsichtig sind; Lassen Sie die Suppe nicht kochen. Mit Salz und Pfeffer würzen. Schöpfen Sie die Chowder in eine Terrine oder einzelne Schüsseln. Mit gehacktem Schnittlauch garnieren und sofort servieren.

78. Fenchel-Tomaten-Suppe mit Jakobsmuscheln

Ausbeute: 1 Portionen

Zutat

- 4 Esslöffel Olivenöl
- 1 Kilogramm Fenchel; fein geschnitten
- 12 mittelgroße Tomaten
- 2 Stangen Sellerie; fein geschnitten
- 2 Esslöffel Likör mit Anisgeschmack
- 2½ Liter Fisch; (oder Gemüse-) Brühe
- 40 Jakobsmuscheln
- 1 Bund Schnittlauch

Richtungen

a) 3 Tomaten fein würfeln und zum Garnieren beiseite legen. Die restlichen Tomaten häuten, indem sie (jeweils 2) 10 Sekunden lang in eine Schüssel mit kochendem Wasser getaucht und dann in eine Schüssel mit eiskaltem Wasser gegeben werden. Alle Häute abziehen, dann die Tomaten halbieren und die Kerne entfernen und wegwerfen.

b) Das Tomatenfleisch hacken.

c) Erhitzen Sie 3 Esslöffel Olivenöl in einem großen Topf und fügen Sie den fein geschnittenen Fenchel und Sellerie hinzu und braten Sie es bei starker Hitze ein oder zwei Minuten lang an, bis das Gemüse leicht gebräunt ist, etwa 4 Minuten.

d) Decken Sie die Pfanne ab und garen Sie das Gemüse 20 Minuten lang sanft, oder bis das Gemüse weich und tief goldbraun ist.

e) Den Deckel abnehmen und den Likör, das Tomatenfleisch und die Brühe hinzugeben und die Suppe zum Kochen bringen und 20 Minuten köcheln lassen. Mit Salz und Pfeffer abschmecken.

f) In der Zwischenzeit den restlichen Esslöffel Öl in einer kleinen Bratpfanne erhitzen und die Jakobsmuscheln bei starker Hitze auf beiden Seiten etwa 2 Minuten goldbraun anbraten.

g) Die Suppe auf 8 Schüsseln verteilen, dann 5 angebratene Jakobsmuscheln in jede Schüssel geben und mit den fein gewürfelten reservierten Tomaten und gehacktem Schnittlauch garnieren.

79. Jakobsmuscheln Madrid über Reis

Ausbeute: 2 Portionen

Zutat

- 1 Esslöffel Olivenöl
- 1 Teelöffel Butter
- 2 große Frühlingszwiebeln; in Scheiben geschnitten mit Oberteilen
- 1 große Knoblauchzehe; zerquetscht
- ½ grüner Pfeffer; gehackt
- 3 große Tomaten; gehackt
- ¼ Tasse Basilikum; gehackt
- 1 Prise Cayennepfeffer
- ¼ Tasse Sake; oder trockener Sherry
- ¼ Tasse Petersilie; gehackt
- 2 Esslöffel Zitronensaft; frisch
- 2 Tassen Lorbeer-Jakobsmuscheln; gewaschen & getrocknet
- Salz & Pfeffer nach Geschmack
- 1 Tasse Reis

- 1 Tasse Hühnerbrühe
- 1 Tasse Wasser
- 2 Esslöffel Butter
- 1 Esslöffel Parmesankäse

Richtungen

a) Knoblauch, Frühlingszwiebeln und grüne Paprika in Öl und Butter anbraten, bis sie zart, aber nicht weich sind. Tomaten, Salz, Pfeffer und Zitronensaft hinzugeben und kochen, bis die Tomaten Saft abgeben und zu verdicken beginnen.

b) Jakobsmuscheln, Petersilie und Basilikum hinzufügen und kochen, bis die Jakobsmuscheln gar sind. Sie sollten eine suppige Konsistenz haben.

c) Mit in Hühnerbrühe und Wasser gekochtem Reis servieren. Parmesan und Butter zum gekochten Reis geben.

80. Jakobsmuscheleintopf

Ausbeute: 4 Portionen

Zutat

- 2 Esslöffel Gehackte Schalotte
- 2 Esslöffel Butter
- 1 Tasse trockener Weißwein
- 1 Tasse Sahne
- 2 Tassen Milch (nicht entrahmt oder 2%)
- 3 Esslöffel geschnittener Schnittlauch
- 1 Pfund Jakobsmuscheln
- ½ Pfund Hummerfleisch
- 1 Teelöffel weißer Pfeffer (oder nach Geschmack)

Richtungen

a) Schalotten in Butter dünsten, Wein hinzufügen; Kochen.

b) Hitze reduzieren und 2 Minuten köcheln lassen Jakobsmuscheln hinzufügen, 5 Minuten köcheln lassen

c) Milch, Sahne und Schnittlauch dazugeben. Rühren bis heiß.

d) Salz und weißen Pfeffer hinzufügen.
   Dienen

81. Cajun-Austern-Jakobs-Eintopf

Ausbeute: 8 Portionen

Zutat

- 36 Austern, geschält
- 24 Jakobsmuscheln
- 1 Quart Halb & Halb
- 12 Frühlingszwiebeln, ganz, gehackt
- 1 Esslöffel Petersilie, gehackt
- 2 Esslöffel Mehl
- $\frac{1}{2}$ Teelöffel Cayennepfefferflocken
- $\frac{1}{2}$ Teelöffel weißer Pfeffer
- 1 Teelöffel Salz
- $\frac{1}{8}$ Pfund Butter
- 1 Tasse Wasser, heiß
- $\frac{1}{4}$ Tasse Sellerie, gehackt
- $\frac{1}{2}$ Teelöffel Basilikum
- $\frac{1}{4}$ Teelöffel Thymian
- $\frac{1}{2}$ Teelöffel Oreganoflocken
- $\frac{1}{2}$ Teelöffel Schwarzer Pfeffer

- 1 Unze Sherry
- 1 Tasse Croutons
- Je 1 Knoblauchzehe, gehackt
- 1½ Esslöffel Worcestershire-Sauce

Richtungen

a) Die Butter in einer Kasserolle bei ca. 300 Grad F. Fügen Sie das Gemüse hinzu und braten Sie es an, bis es leicht gebräunt ist. Von der Hitze nehmen. In einer separaten Pfanne die Hälfte und die Hälfte erhitzen und darauf achten, dass sie nicht gekocht wird.

b) Hitze reduzieren auf ca. 150 Grad F. und langsam das Mehl einrühren.

c) Wenn es gut gemischt ist, fügen Sie die Gewürze und Gewürze hinzu. Fügen Sie das gebräunte Gemüse und die abgetropften Austern und Jakobsmuscheln hinzu. 15 Minuten köcheln lassen, dabei häufig umrühren.

d) Den Sherry hinzugeben und weiter köcheln lassen, bis der Eintopf andickt. Croutons dazugeben und servieren!

82. Jakobsmuschelsalat mit Zitrusfrüchten

Ausbeute: 2 Portionen

Zutat

- ½ Tasse Olivenöl; Plus
- 1 Esslöffel Olivenöl; zum Sautieren
- 3 Esslöffel Zitrusgastrique
- 1 Salz; schmecken
- 1 frisch gemahlener schwarzer Pfeffer; schmecken
- 6 große Jakobsmuscheln
- 2 Tassen gewaschene Rucolablätter
- 1 Orangenschale; für garnieren

Richtungen

a) In einer kleinen Schüssel ½ Tasse Olivenöl, Orangensaft und Citrus Gastrique verquirlen; mit Salz und Pfeffer würzen. Restliches Öl in einer Bratpfanne erhitzen.

b) Jakobsmuscheln würzen und von beiden Seiten goldbraun und knusprig anbraten, etwa 4 Minuten pro Seite.

c) In einer Salatschüssel Rucola mit 2 Esslöffeln Gastrique-Vinaigrette mischen. Auf 2 Teller verteilen.

d) 3 Jakobsmuscheln auf jeden Teller geben und mit der restlichen Vinaigrette beträufeln. Sofort servieren, mit Orangenschale garnieren.

83. Weizenschrotsalat mit Jakobsmuscheln

Ausbeute: 8 Portionen

Zutat

- 2 Pfund Jakobsmuscheln oder Jakobsmuscheln
- 1½ Pfund frische grüne Bohnen
- Salz – nach Geschmack
- 2 Tassen Weizenschrot
- 2 rote Paprika
- 2 große Tomaten
- ½ Tasse Fein gewürfelter Grünkohl
- 2 mittelgroße Zucchini – in 1/4-Zoll geschnitten
- 6 Frühlingszwiebeln – gehackt
- 2 Köpfe Buttersalat

Kräuter-Vinaigrette

- 1 kleine scharfe Chilischote, gehackt
- 1½ Tasse gehackte italienische Petersilie
- 1 Tasse Gehackte frische Minze

- ½ Tasse Gehackter Koriander
- 5 Esslöffel Apfelessig
- ¾ Tasse Olivenöl
- Salz und frisch gemahlen
- Pfeffer – nach Geschmack

Richtungen

a) Wenn Sie Jakobsmuscheln verwenden, schneiden Sie alle harten Muskeln weg. Dämpfen Sie die Jakobsmuscheln oder Jakobsmuscheln über, nicht in einem großen Topf mit kochendem Salzwasser, bis sie fertig schmecken (für Bucht- und Jakobsmuscheln dauert es nur 1 Minute oder weniger; für Meeresmuscheln 3 bis 5 Minuten). Jakobsmuscheln vierteln; Jakobsmuscheln ganz lassen. Mit 2 Esslöffeln der Kräuter-Vinaigrette anfeuchten; abdecken und kühl stellen.

b) Grüne Bohnenspitzen abschneiden. In einem großen Topf mit kochendem Salzwasser kochen, bis sie knusprig-zart sind (5 bis 7 Minuten). Abgießen und in eine Schüssel mit Eiswasser tauchen, um das Kochen zu stoppen. Wenn die Bohnen vollständig abgekühlt sind, erneut abtropfen lassen. In $\frac{1}{2}$-Zoll-Stücke schneiden.

c) In einem mittelgroßen Topf bei starker Hitze 3 Tassen Salzwasser zum Kochen bringen. Weizen hinzufügen, abdecken und vom Herd nehmen; 30 Minuten stehen lassen.

d) Rösten Sie die Paprika gemäß den unten angegebenen Anweisungen zum Rösten von Paprika und Chilis. Schälen und würfeln.

e) In einer großen Schüssel Paprika, Tomaten, Kohl, Zucchini, Frühlingszwiebeln, Weizenschrot, grüne Bohnen und Jakobsmuscheln mischen. Restliche Kräuter-Vinaigrette dazugeben; mit einer Gabel vermengen. Abdecken und mindestens 2 Stunden oder bis zu 12 Stunden im Kühlschrank lagern.

f) Salat 30 Minuten vor dem Servieren aus dem Kühlschrank nehmen. Buttersalatherzen waschen und trocknen. Salatblätter auf einer großen Servierplatte anrichten. Die Weizenschrotmischung mit einem Löffel in die Mitte des Tellers geben.

g) Kräuter-Vinaigrette: In einer Schüssel Chili, Petersilie, Minze, Koriander und Essig mischen. Schneebesen zum Mischen; 5 Minuten stehen lassen. Olivenöl nach und nach einrühren.

h) Mit Salz und Pfeffer würzen.

GEGRILLTE JAKOBSMUSCHEL

84. Gegrillte Jakobsmuscheln mit chinesischem Gemüse

Ausbeute: 2 Portionen

Zutat

- 10 Jakobsmuscheln; (gereinigt)
- 1 5 cm Stück Mooli; (geschält und geschnitten)
- 6 Frühlingszwiebeln; (geschnitten)
- 16 Saubohnen; (blanchiert u
- ; geschält)
- 16 Kaiserschoten; (leicht schräg)
- 2 Baby-Pak Choi; (Stiele geschnitten,
- ; Blätter zerrissen)
- 6 Spargel; (schräg geschnitten)
- $\frac{1}{2}$ gelbe Paprika; (schräg geschnitten)
- $\frac{1}{2}$ rote Chilischote; (fein gehackt)
- 1 Stängel Zitronengras; (Innenteil fein
- ; geschnitten)
- 1 Stück Stängel Ingwer; (in Julienne geschnitten)

- ½ Limette; (Saft)
- 1 Esslöffel Sesamöl
- 1 Esslöffel Olivenöl
- 1 Knoblauchzehe
- 1 Schuss Sojasauce
- 1 Limette; (fein geriebene Schale)
- ½ Limettensaft
- 3 Teelöffel Ingwersirup
- 1 Esslöffel Olivenöl
- 10 Pekannüsse
- 2 Esslöffel Zucker
- 1 Esslöffel geröstete Sesamsamen
- 1 Spritzer Wasser
- Knopf von ungesalzener Butter

Richtungen

a) Backofen auf 220 °C vorheizen. Erhitzen Sie den Wok vorsichtig, um eine gleichmäßige Hitze zu erreichen. Grillplatte oder Pfanne erhitzen.

b) Bereiten Sie alle Zutaten vor.

c) Karamell machen. Butter und Nüsse zugeben. Zum Beschichten wirbeln. Auf Backpapier ziehen. Mit Sesam bestreuen. Abkühlen und knusprig werden lassen.

d) Jakobsmuscheln grillen, bis sie auf einer Seite goldbraun sind. Herausnehmen und mit der goldenen Seite nach oben auf das Backblech setzen. Dressing darüber träufeln. NUR 1 Minute im Ofen erhitzen, bis es heiß ist.

e) Öl in den Wok geben und alles Gemüse anbraten, beginnend mit Chili, Zitronengras, Knoblauch und Spargel. Restliches Gemüse und Gewürze zugeben. Abschmecken und anpassen.

f) Nüsse und zum Schluss Jakobsmuscheln unterrühren.

g) In einer hübschen Schale servieren.

85. Gegrillte asiatische Jakobsmuscheln

Ausbeute: 4 Portionen

Zutat

- 2 Pfund Jakobsmuscheln; gespült und getrocknet
- $\frac{1}{4}$ Tasse Apfelwein
- $\frac{1}{4}$ Tasse leichte Sojasauce
- $\frac{1}{4}$ Tasse Balsamico-Essig
- $\frac{1}{2}$ Unze Sesamöl
- 2 Stiele Frühlingszwiebel; fein gehackt
- 2 Esslöffel Frische Ingwerwurzel; gehackt
- 1 Esslöffel Hoisin-Sauce
- 1 große Knoblauchzehe; gehackt
- 1 mittelgroße Jalapenos; gehackt
- 1 Teelöffel Paprikaflocken
- $\frac{1}{2}$ Teelöffel weißer Pfeffer
- 1 Prise koscheres Salz

Richtungen

a) Für die Marinade alle feuchten und trockenen Zutaten verquirlen, bis sie vermischt sind, Frühlingszwiebeln hinzufügen. Jakobsmuscheln in einen großen Plastikbeutel geben, Marinade über die Jakobsmuscheln gießen. 4 Stunden in den Kühlschrank stellen.

b) Nehmen Sie die Jakobsmuscheln aus der Plastiktüte und legen Sie sie auf Küchenpapier, um die Marinade abzutrocknen, bevor Sie den Grill anzünden. Holzkohle in Pyramidenform auflegen und entweder mit Feuerzeugbenzin, elektrischem Anzünder oder Anzündkamin anzünden. Warten Sie, bis die Kohlen grau sind und verteilen Sie sie in einer einzigen Schicht für die Methode der direkten Hitze.

c) Sprühen Sie den Rost mit Antihaftspray ein und lassen Sie den Rost über den heißen Kohlen erhitzen (je heißer der Rost, desto geringer ist die Wahrscheinlichkeit, dass die Speisen haften bleiben). Jakobsmuscheln auf den Rost legen oder für beste Ergebnisse einen gefetteten Gemüse- und Fischgrillkorb verwenden. Die Körbe sind in den meisten Outdoor-Freizeitabteilungen von Kaufhäusern erhältlich.

d) 3 Minuten grillen, mit Marinade begießen und wenden, 2-3 Minuten grillen, nochmals mit Marinade begießen bis fertig. Jakobsmuscheln kochen sehr schnell, es sollte insgesamt nicht mehr als 6 Minuten Garzeit dauern.

86. Gegrillte Jakobsmuscheln und Gemüsetaschen

Ausbeute: 4 Portionen

Zutat

- 2 Tassen geschnittene Pilze
- $\frac{1}{2}$ Tasse Schnellkochreis
- 1 Pfund Extra große Jakobsmuscheln
- 2 Tassen Gehackte süße rote Paprika
- 1 Tasse Frühlingszwiebeln
- 4 Esslöffel Butter - 1/2 Stick
- 1 Teelöffel frische Thymianblätter
- 1 Teelöffel Paprika
- 1 Teelöffel Salz
- $\frac{1}{2}$ Teelöffel gemahlener schwarzer Pfeffer

Richtungen

a) Grill oder Ofen im Freien auf 425 Grad vorheizen. Legen Sie auf eine Arbeitsfläche 4 Blätter (jeweils etwa 20 Zoll) strapazierfähige oder doppelte Aluminiumfolie,

b) Ordnen Sie in der Mitte jedes Stücks Folie ½ Tasse Champignons leicht überlappend an. Mit 2 EL Reis und ¼ der Jakobsmuscheln bedecken. 2.

c) Jeweils mit ½ Tasse Paprika, ¼ Tasse Frühlingszwiebeln und 1 EL Butter belegen.

d) Mit je ¼ TL Thymian, Paprika und Salz und ⅛ TL schwarzem Pfeffer bestreuen. 3. Bringen Sie die langen Seiten der Folie über der Mischung zusammen und lassen Sie Platz für Wärmezirkulation und Ausdehnung.

e) Zum Verschließen nach unten falten. Kurze Enden zusammenklappen und zum Verschließen festklemmen. 4. Auf den Außengrill etwa 5 Zoll von der Hitze oder in den Ofen stellen. Garen, bis die Jakobsmuscheln weich sind (ca. 15 Minuten auf dem Grill, einmal wenden oder 20 bis 25 Minuten im Ofen). 5.

f) Herausnehmen und etwa 5 Minuten stehen lassen, bis der Reis weich ist. In einzelne flache Servierschalen geben. Folie vorsichtig auseinanderfalten und servieren.

87. Gegrillte Jakobsmuschelspieße auf Jicama-Salat

Ausbeute: 4 Portionen

Zutat

- 30 große Jakobsmuscheln
- ⅓ Tasse Limettensaft
- ½ Tasse Olivenöl
- ⅓ Tasse Mayonnaise
- 1½ Teelöffel Salz
- ½ Teelöffel Frisch gemahlener schwarzer Pfeffer
- 1 großes Jicama; geschält und zerkleinert
- (oder 2 kleine Jicamas)
- ½ Bund Korianderblätter; abgeholt,
- ; und grob gehackt
- 2 italienische Roma-Tomaten; Querschnitt 1/4" dick
- 1 reife Avocado; geschält und gewürfelt
- 8 10-Zoll-Bambusspieße; 30 Minuten eingeweicht

Richtungen

a) Grill vorheizen. Jakobsmuscheln in eine große Schüssel geben. Limettensaft und Olivenöl in einer kleinen Schüssel verquirlen. 3 Esslöffel Limetten-Öl-Mischung über die Jakobsmuscheln träufeln und 5 Minuten marinieren lassen.

b) Restliche Limetten-Öl-Mischung mit Mayonnaise mischen. Legen Sie Jicama in eine mittelgroße Schüssel und gießen Sie das Dressing darüber; mit 1 TL Salz und $\frac{1}{4}$ TL Pfeffer würzen.

c) Fädeln Sie 6 oder 7 Jakobsmuscheln auf einen Spieß, nehmen Sie dann einen anderen Spieß und stecken Sie ihn etwa $\frac{1}{2}$ Zoll entfernt und parallel zum ersten in den Jakobsmuschelspieß.

d) Mit den restlichen Jakobsmuscheln wiederholen, um 4 Spieße zu formen. Spieße mit restlichem Salz und Pfeffer würzen und auf den heißen Grill legen. 1 Minute auf der ersten Seite grillen, dann umdrehen und 1 Minute auf der anderen Seite grillen oder bis sie in der Mitte gerade noch undurchsichtig sind.

e) Vom Grill nehmen. Koriander in Jicama mischen und auf vier Teller verteilen. Jeden Teller mit Tomatenscheiben, Avocadowürfeln und einem Jakobsmuschelspieß garnieren. Dienen.

88. Gegrillte Jakobsmuscheln & Grünkohl mit frischer Rübe s

Ausbeute: 4 Portionen

Zutat

- 1¼ c frischer Rübensaft
- Fruchtiges Olivenöl
- 1 TL Weißweinessig
- Salz und frisch gemahlener Pfeffer
- 1 ¼ lb. frische Jakobsmuscheln
- Frischer Zitronensaft
- 1 Pfund junge Grünkohlblätter
- Sherry-Essig
- Frischer Schnittlauch in ½-Zoll-Sticks schneiden
- kleine Würfel gelbe Paprika

Richtungen

a) Für die Sauce: Rübensaft in einen nicht reaktiven Topf geben und aufkochen, bis er auf etwa ½ Tasse reduziert ist. Bei ausgeschalteter Hitze 2-3 Esslöffel Olivenöl langsam in die Reduktion schlagen, um die Sauce einzudicken.

b) Mit Weißweinessig, Salz und Pfeffer abschmecken. Beiseite stellen und warm halten.

c) Die Jakobsmuscheln leicht einölen und mit Salz, Pfeffer und ein paar Tropfen Zitronensaft würzen. Grünkohlblätter mit Öl bepinseln und leicht würzen. Grünkohl auf beiden Seiten grillen, bis die Blätter leicht angekohlt und durchgegart sind. Jakobsmuscheln grillen, bis sie gerade gar sind (die Mitte sollte leicht undurchsichtig sein).

d) Den Grünkohl schön in der Mitte warmer Teller anrichten und mit ein paar Tropfen Sherryessig beträufeln. Legen Sie die Jakobsmuscheln darauf und löffeln Sie die Rote-Bete-Sauce herum.

e) Mit Schnittlauchstangen und gelbem Pfeffer garnieren und sofort servieren.

89. Gegrillter Jakobsmuschelsalat mit Papaya-Dressing

Ausbeute: 4 Portionen

Zutat

- ¼ Papaya, Samen entfernt
- 1 Pfund Med-Jakobsmuscheln
- 3 Tassen (bis 4 Tassen) verschiedene Blattsalate
- 1 Teelöffel Olivenöl
- Salz und Pfeffer nach Geschmack
- 2 Esslöffel Olivenöl
- 2 Teelöffel Zitronensaft
- 1 Esslöffel Papaya pur
- 1 Esslöffel Basilikum, gehackt
- 1 Esslöffel Tomate, gewürfelt
- Salz und Pfeffer nach Geschmack

Richtungen

a) Am Vorabend die Papaya pur zubereiten und die Jakobsmuscheln marinieren.

b) Die Papaya schälen und grob hacken, in einen Mixer geben und zu einer Püree zerkleinern. Die Jakobsmuscheln mit 1 EL Pur bestreichen (den restlichen Esslöffel für das Dressing kühl stellen) und über Nacht im Kühlschrank marinieren.

c) Wenn Sie bereit sind, den Salat zuzubereiten, waschen und trocknen Sie das Gemüse und richten Sie es auf Salattellern an. Bereiten Sie das Dressing vor.

d) Öl, Zitronensaft, restliche Papaya pur, Basilikum und Tomate mischen.

e) Mit Salz und Pfeffer abschmecken. Kühlen Sie das Dressing nicht. Verwenden Sie es sofort bei Raumtemperatur. Macht ⅓ Tasse.

f) Die Jakobsmuscheln kurz vor dem Servieren mit Olivenöl bestreichen, mit Salz und Pfeffer abschmecken und die Jakobsmuscheln über heißem Mesquite oder Holzkohle grillen oder etwa 1 Minute auf jeder Seite anbraten.

g) Überkochen Sie sie nicht. Ordnen Sie die Jakobsmuscheln um das Gemüse herum an, gießen Sie das Dressing über das Gemüse und servieren Sie es sofort.

90. Gegrillte Jakobsmuscheln & Vinaigrette

Ausbeute: 1 Portionen

Zutat

- ¼ Tasse Gehackte, entsteinte Kalamata-Oliven
- 1 Esslöffel Fein gehackte geröstete Paprika aus der Flasche
- ½ Teelöffel gehackter Knoblauch
- 1 Teelöffel Dijon-Senf
- 1 Esslöffel Rotweinessig
- ¼ Teelöffel frischer Zitronensaft
- ¼ Tasse Olivenöl
- ½ Pfund Jakobsmuscheln; gespült und entwässert
- 2 mittelgroße an der Rebe gereifte Tomaten; in Keile schneiden
- 2 Tassen Rucola; Stiele weggeworfen

Richtungen

a) In einem Mixer Oliven, geröstete Paprika, Knoblauch, Senf, Essig, Zitronensaft mit Salz und Pfeffer abschmecken, bis alles glatt ist. Bei laufendem Motor 3 Esslöffel Öl in einen Strahl geben und die Vinaigrette pürieren, bis sie emulgiert ist.

b) Werfen Sie bei Bedarf kleine, zähe Muskeln von der Seite jeder Jakobsmuschel weg und werfen Sie die Jakobsmuscheln in einer kleinen Schüssel mit dem restlichen Esslöffel Öl und Salz und Pfeffer nach Geschmack.

c) Erhitzen Sie eine gut gewürzte geriffelte Grillpfanne bei starker Hitze, bis sie heiß ist, und grillen Sie die Jakobsmuscheln, bis sie gerade durchgegart sind, 2 bis 3 Minuten auf jeder Seite. Jakobsmuscheln auf einen Teller geben und warm halten. Grillen Sie die Tomaten bei starker Hitze, bis sie zart und leicht verkohlt sind, 1 bis 2 Minuten auf jeder Seite.

d) Rucola mit der Hälfte der Vinaigrette mischen und auf 2 Teller verteilen. Rucola mit Jakobsmuscheln und Tomaten garnieren und nach Belieben mit restlicher Vinaigrette servieren.

91. Gesunde Jakobsmuscheln Penne Rigate

Ausbeute: 2 Portionen

Zutat

- 8 Unzen Penne Rigate Pasta (Ziti)
- 1 große Tomate (gewürfelt)
- $\frac{1}{2}$ Teelöffel italienische Gewürze
- 3 Esslöffel Olivenöl
- 1 mittelgroße Zwiebelwürfel (ca. 1 Tasse)
- 1 Bund Frühlingszwiebeln gehackt (1 Tasse)
- 1 Tasse geschnittene frische Champignons
- 2 Esslöffel Knoblauch (gehackt)
- $\frac{1}{2}$ Pfund Jakobsmuscheln
- $\frac{1}{2}$ Teelöffel Knoblauch-Pfeffer-Gewürz
- $\frac{1}{4}$ Tasse Frisch geriebener Parmesan und Romano-Käse

Richtungen

a) Tomatenwürfel mit italienischen Gewürzen garnieren und bei Zimmertemperatur beiseite stellen.

b) Bereiten Sie Penne Rigate gemäß den Anweisungen auf der Verpackung zu.

c) WÄHREND: Öl in einer mittelgroßen Pfanne erhitzen. Zwiebeln und Frühlingszwiebeln hinzugeben und bei mittlerer Hitze 3-4 Minuten braten, dabei häufig umrühren, um eine Bräunung zu vermeiden. Pilze einrühren und Hitze auf mittlere Stufe reduzieren. Fügen Sie gehackten Knoblauch, Knoblauch-Pfeffer-Gewürz und Jakobsmuscheln (einschließlich Flüssigkeit) hinzu.

d) Ständig umrühren, um eine gleichmäßige Erwärmung für ca. 5-6 Minuten zu gewährleisten. Nicht überkochen.

e) Nudeln auf 2 vorgewärmte Teller verteilen. Mit der Jakobsmuschel-Mischung inklusive aller Flüssigkeit belegen. Mit gewürfelten Tomaten belegen und mit geriebenem Parmesan und Romano garnieren. Sofort servieren.

92. Gegrillte Zitronen-Knoblauch-Muscheln

PORTIONEN: 6

Zutaten

- 1/4 Tasse Olivenöl
- Saft einer Zitrone
- 3 Knoblauchzehen gehackt
- 1 EL italienische Gewürze
- Salz und Pfeffer
- 1 Pfund Jakobsmuscheln

Richtungen

a) In einer mittelgroßen Schüssel Olivenöl, Zitronensaft, Knoblauch und italienische Gewürze vermengen.

b) Die Jakobsmuscheln salzen und pfeffern und in die Schüssel geben und in der Marinade wenden, um sie zu bestreichen. Im Kühlschrank etwa 30 Minuten marinieren lassen.

c) Legen Sie die Jakobsmuscheln bei mittlerer Hitze auf einen Grill. Auf jeder Seite ca. 2 Minuten braten lassen oder bis sie durchgegart und leicht angekohlt sind.

93. Gegrillte Jakobsmuscheln mit Tomatensalsa

4 Portionen

Zutaten

- 1 Pfund große Jakobsmuscheln, gereinigt (etwa 12 bis 13 Jakobsmuscheln)
- Natives Olivenöl extra
- Koscheres Salz und schwarzer Pfeffer
- 2 große Zitronen, halbiert

Richtungen

a) Erhitzen Sie eine Grillpfanne oder einen Außengasgrill auf mittlere bis hohe Hitze und bestreichen Sie die Grillfläche mit Olivenöl.

b) Die Jakobsmuscheln trocken tupfen und mit nativem Olivenöl extra bestreichen und auf beiden Seiten mit koscherem Salz und schwarzem Pfeffer würzen.

c) Wenn Sie fertig sind, die Jakobsmuscheln auf der heißen Kochfläche anrichten und 2 Minuten auf jeder Seite grillen (Sie sollten Grillspuren sehen). Grillen Sie in der Zwischenzeit die Zitronenhälften mit der Fleischseite nach unten, bis Sie Grillspuren sehen.

d) Die Jakobsmuscheln vom Herd nehmen und sofort eine halbe Zitrone rundherum auspressen.

e) Die Salsa auf Servierteller verteilen und mit den gegrillten Jakobsmuscheln garnieren. Fügen Sie die restliche gegrillte Zitrone zur Seite hinzu. Sofort servieren.

Jakobsmuscheln Desserts

94. Pot Pie mit Meeresfrüchten

Zutaten

- 1/2 Tasse trockener Weißwein
- 1-Pfund-Jakobsmuscheln, halbiert, wenn sie sehr groß sind
- 1 große Backkartoffel, geschält und in 1/2-Zoll-Würfel geschnitten
- 3 Esslöffel Butter, weich
- 1/2 Tasse geschälter und gehackter Apfel
- 1 große Karotte, gehackt
- 1 Sellerierippe, gehackt
- 1 große Zwiebel, gehackt
- 1 Knoblauchzehe, gehackt
- 1 1/2 Tassen Hühnerbrühe
- 1/4 Tasse Sahne
- 2 Esslöffel Allzweckmehl
- 3/4 Teelöffel Salz
- 1/2 Teelöffel frisch gemahlener weißer Pfeffer Prise Cayennepfeffer
- 1 Pfund mittelgroße Garnelen, geschält und entdarmt
- 1 Tasse Maiskörner
- 1 kleines Glas (3 1/2 Unzen) Pimentstreifen
- 2 Esslöffel gehackte Petersilie
- Blätterteig

Richtungen

a) Bringen Sie den Wein in einem mittelgroßen, nicht reaktiven Topf bei starker Hitze zum Kochen.
b) Fügen Sie die Jakobsmuscheln hinzu und garen Sie sie etwa 1 Minute lang, bis sie gerade noch durchsichtig sind. Jakobsmuscheln abgießen, Flüssigkeit auffangen. Kochen Sie die Kartoffel in einem anderen mittelgroßen Topf mit kochendem Salzwasser, bis sie gerade weich ist, 6 bis 8 Minuten; abtropfen lassen und beiseite stellen.
c) Heizen Sie den Ofen auf 425F vor. In einem großen Topf 2 Esslöffel Butter bei mäßig hoher Hitze schmelzen. Fügen Sie den Apfel, die Karotte, den Sellerie und die Zwiebel hinzu und kochen Sie, bis die Mischung weich wird und zu bräunen beginnt, etwa 6 Minuten. Fügen Sie den Knoblauch hinzu und kochen Sie für 1 Minute länger.
d) Gießen Sie die Hühnerbrühe hinzu und erhöhen Sie die Hitze auf hoch. Kochen, bis der größte Teil der Flüssigkeit verdunstet ist, etwa 5 Minuten.
e) Übertragen Sie die Apfel-Gemüse-Mischung in eine Küchenmaschine. Pürieren, bis es glatt ist. Zurück in den Topf geben und die aufgefangene

Jakobsmuschelflüssigkeit und die Sahne einrühren.

f) Mischen Sie das Mehl in einer kleinen Schüssel mit dem restlichen 1 Esslöffel Butter, um eine Paste zu bilden. Die Jakobsmuschelcreme bei mäßiger Hitze zum Köcheln bringen. Die Butterpaste nach und nach einrühren. Zum Kochen bringen, bis schlagen

95.   Jakobsmuschel-Hirtenkuchen

Zutaten

- 1 Pfund Jakobsmuscheln, frisch oder gefroren
- 1/2 Tasse gehackte Zwiebel
- 3 Esslöffel Butter oder anderes Fett, geschmolzen
- 1 Teelöffel Maisstärke
- 1/2 Teelöffel Salz
- Prise weißen Pfeffer
- 1 Tasse gekochte Erbsen
- 1 Tasse gekochte Karottenscheiben
- 1 Tasse Kartoffelpüree
- Spritzer Paprika

Richtungen

a) Gefrorene Jakobsmuscheln auftauen. Schalenteile entfernen und waschen. Jakobsmuscheln in 1h-Zoll-Stücke schneiden. Zwiebel und Jakobsmuscheln in Butter 3 bis 4 Minuten dünsten, dabei gelegentlich umrühren.

b) Maisstärke und Gewürze einrühren und unter ständigem Rühren dickflüssig kochen.

c) Erbsen und Karotten zugeben. In 6 gut gefettete, einzelne 5-Unzen-Vanillepuddingbecher geben. Auf jeden Kuchen eine Schicht Kartoffelpüree legen. Mit Paprika bestreuen.

d) Backen Sie in einem sehr heißen Ofen, 450° F., für 15 bis 20 Minuten oder bis sie braun sind. Serviert 6.

96. Jakobsmuschel-Käse-Fondue

Zutaten

- 1 Pfund Jakobsmuscheln, frisch oder gefroren e
- 2 Tassen weiche Semmelbrösel
- 1 Dose kondensierte Pilzsuppe
- 1 Tasse Milch
- 1/4 Teelöffel Paprika
- 1/4 Teelöffel Selleriesalz
- 1 Teelöffel Senfpulver Prise Pfeffer
- 1 Tasse geriebener Käse
- 3 Eigelb, geschlagen
- 3 Eiweiß, geschlagen

Richtungen

a) Gefrorene Jakobsmuscheln auftauen. Schalenpartikel entfernen und waschen. Jakobsmuscheln hacken. Kombinieren Sie alle Zutaten außer Eiweiß; gut mischen. Eiweiß unterheben.

b) In 6 gut gefettete, einzelne 10-Unzen-Aufläufe geben.

c) Backen Sie in einem gemäßigten Ofen, 350° F., für 35 bis 40 Minuten oder bis das Fondue in der Mitte fest ist.

d) Sofort servieren

97. Apfel-Jakobsmuschel-Förmchen

Ausbeute: 4 Portionen

Zutat

- 4 Esslöffel Butter oder Margarine
- ½ Tasse Zwiebel, gehackt
- 1 Pfund Jakobsmuscheln
- 2 Äpfel, Granny Smith
- 1 Dose Champignons, in Scheiben geschnitten, abgetropft
- 1 Teelöffel Zitronensaft
- 1 Teelöffel Petersilie, gehackt
- ½ Teelöffel Basilikum, getrocknet
- ½ Teelöffel Salz
- 2 Esslöffel Mehl
- 1 Tasse Milch
- 2 Esslöffel Semmelbrösel, natur, trocken

Richtungen

a) 1 Esslöffel Butter in einer großen Pfanne schmelzen.

b) Zwiebel hinzufügen; braten, bis sie weich sind.

c) Jakobsmuscheln, Äpfel, Pilze, Zitronensaft, Petersilie, Basilikum und Salz hinzufügen; bei mittlerer Hitze 5 Minuten kochen, dabei gelegentlich umrühren.

d) In der Zwischenzeit 2 Esslöffel Butter in einem kleinen Topf schmelzen; Mehl untermischen.

e) Vom Herd nehmen; Milch einrühren.

f) Zurück zu mittlerer Hitze; unter ständigem Rühren kochen, bis es eingedickt ist.

g) Soße zu der Jakobsmuschel-Mischung in der Pfanne hinzufügen; gut mischen. 8

h) In 4 gebutterte Förmchen füllen.

i) Kombinieren Sie restliche Butter mit Semmelbröseln; über Jakobsmuscheln streuen.

j) Unter den Grill stellen; 3 bis 4 Minuten braten, oder bis die Krümel golden sind.

98. Krabben-, Lachs- und Jakobsmuschelkuchen

Ausbeute: 1 Portionen

Zutat

- 8 Unzen salzfreie Salzcracker
- 2 Unzen Vollkorncracker
- 3 Ei-Ersatz
- ¼ Tasse Gehackte frische Korianderblätter
- 3 Knoblauchzehen
- 1 Esslöffel gehackter frischer Ingwer
- 1 Spritzer Tabasco
- Salz und gemahlener weißer Pfeffer abschmecken
- 8 Unzen Lachs; in 1/2-Zoll-Würfel schneiden
- 8 Unzen Jakobsmuscheln; in 1/2-Zoll-Würfel schneiden
- 8 Unzen Jumbo-Klumpenkrebsfleisch
- ½ grüne Paprika; fein gewürfelt
- ½ rote Paprika; fein gewürfelt

- ½ gelbe Paprika; fein gewürfelt
- 1 Esslöffel natives Olivenöl extra
- ½ Tasse gewürfelte Papaya
- ½ Tasse gewürfelte Mango
- ½ Tasse gewürfelte Ananas
- 2 Esslöffel Fein gehackter frischer Koriander
- 1 Esslöffel Fein gehackte frische Minzblätter
- 1 Esslöffel Apfelessig
- 1 Esslöffel natives Olivenöl extra
- ¼ Teelöffel Salz
- ¼ Teelöffel Frisch gemahlener schwarzer Pfeffer

Richtungen

a) Ofen auf 350 vorheizen. Mit der Küchenmaschine Krümel mit den Salz- und Vollkorncrackern machen, aber in separaten Schüsseln aufbewahren.

b) Kombinieren Sie in einer Küchenmaschine Ei-Ersatz, Koriander, Knoblauch, Ingwer, Tabasco sowie Salz und weißen Pfeffer nach Geschmack. Mischen, bis alle Zutaten flüssig sind.

c) Kombinieren Sie in einer großen Glas- oder Edelstahlschüssel den Lachs und die Jakobsmuscheln mit der Eimischung. Gut mischen, bis die Meeresfrüchte mit Ei überzogen sind. Die Vollkorn-Crackerbrösel hinzugeben, nochmals mischen und dann das Krabbenfleisch vorsichtig unterheben.

d) In sechs Kugeln teilen. Formen Sie Kuchen mit einem Durchmesser von etwa 3 Zoll und einer Dicke von 1 Zoll. In den Salzkrümeln wälzen, bis sie vollständig bedeckt sind. In einer ofenfesten Bratpfanne mit Antihaftbeschichtung das Olivenöl erhitzen. Die Kuchen auf einer Seite goldbraun anbraten.

e) Drehen Sie sie um und backen Sie sie für 10 Minuten im Ofen. Mit Papaya, Mango & Ananas-Relish servieren.

99. Jakobsmuschel-Häppchen

Zutaten

- 1 Pfund gekochte Jakobsmuscheln
- 2 Knoblauchzehen, fein gehackt
- 2 Esslöffel Butter oder anderes Fett, geschmolzen
- 1/2 Tasse geriebener Käse
- 1/4 Teelöffel Worcestershire-Sauce
- Prise Salz
- Prise Pfeffer
- 2 Tassen Gebäckmischung

Richtungen

a) Jakobsmuscheln hacken. Knoblauch in Butter 2 bis 3 Minuten anbraten. Käse, Gewürze und Jakobsmuscheln hinzufügen. Gut mischen. Backmischung nach Anweisung zubereiten.

b) Rollen Sie sehr dünn und schneiden Sie in 90 Kreise, jeder 2 Zoll. Etwa 1 Teelöffel Jakobsmuschelfüllung in die Mitte von

45 Kreisen geben. Mit den restlichen 45 Kreisen abdecken; Ränder zusammendrücken. Auf eine Backform legen, 18 x 14 Zoll.

c) Backen Sie in einem sehr heißen Ofen, 450 ° F., für 10 bis 15 Minuten.

100. Filoteig, Jakobsmuschel und Tomatentarte

Ausbeute: 1 Portionen

Zutaten

- 500 Gramm Spinat; (1 1/2oz)
- 12 große handgetauchte Jakobsmuscheln
- 310 Gramm Frischer Filoteig; (12 Unzen)
- 5 Eiertomaten
- 30 Gramm frisches Basilikum; (1 1/2oz)
- 30 Gramm frischer Thymian; (1 1/2oz)
- 30 Gramm frischer Rosmarin; (1 1/2oz)
- Muskatnuss
- Würze
- 140 Gramm Geschmolzene Butter; (6 Unzen)
- 40 Gramm Kleine Paprikawürfel; (2 Unzen)
- ½ Rote Chili
- 1 Schalotte
- 100 Milliliter Weißwein; (4 fl oz)

- 40 Gramm Kleine Auberginenwürfel; (2 Unzen)
- 40 Gramm Kleine gewürfelte Zucchini; (2 Unzen)

Richtungen

a) Den Spinat in etwas Butter mit Gewürzen und Muskat anbraten und beiseite stellen.

b) Die Jakobsmuscheln vorbereiten und dann in Scheiben schneiden und in einer heißen Pfanne mit Gewürzen schnell anbraten. Einen 3-Zoll-Metallring mit Butter bestreichen und den Teig in 5-Zoll-Quadratstücke schneiden. Den Ring am Rand mit dem Teig und der geschmolzenen Butter belegen. Den Spinat und die in Scheiben geschnittenen Tomaten dazugeben und mit den in Scheiben geschnittenen Jakobsmuscheln und frischem Thymian garnieren und würzen. Für ein paar Minuten in einen heißen Ofen stellen, während Sie die Sauce kochen.

c) Dazu Chili, Schalotte und Wein in einer Pfanne mit den restlichen Tomaten anschwitzen und 2 Minuten kochen, dann zu einer Soße pürieren.

d) Fügen Sie die restlichen Gemüsewürfel hinzu, die in etwas Olivenöl und Gewürzen angebraten wurden. Die Soße und das Gemüse um den Teller und die Jakobsmuscheln in der Mitte anrichten, mit frischen Kräutern garnieren und servieren.

FAZIT

Jakobsmuscheln fühlen sich vielleicht wie dieses dekadente Abendessen an, das Sie nur in einem Restaurant bestellen. Aber wenn Sie nicht schon zu Hause Jakobsmuscheln machen, ist es Zeit zu beginnen. Sie werden nicht glauben, wie einfach es ist, Jakobsmuscheln außen perfekt knusprig und innen zart zu machen. Diese proteinreichen Meeresfrüchte sind viel einfacher zuzubereiten als andere Schalentiere. Sie kommen normalerweise aus der Schale und sind bereit zum Kochen, sodass Sie sich nicht mit Schalen zum Reinigen oder Schälen herumschlagen müssen, und sie garen so schnell – nur 3 bis 5 Minuten pro Seite und Sie haben ein gesundes, köstliches Abendessen auf dem Tisch im Handumdrehen.

www.ingramcontent.com/pod-product-compliance
Lightning Source LLC
Chambersburg PA
CBHW071803080526
44589CB00012B/670